MARCO POLO

NORWEGISCH

Reisen mit Insider Tipps

Amtssprache Norwegisch

Worte verbinden, Worte erschließen neue Welten, Worte lassen Sie einfach mehr erleben.

Und damit Sie auch immer die richtigen finden, haben wir Ihnen die wichtigsten für Ihren Ausflug in eine fremde Kultur und Sprache zusammengestellt.

Und sollten Sie einmal sprachlos sein, dann helfen Ihnen unsere Zeigebilder unkompliziert weiter.

Wir wünschen Ihnen viel Spaß auf Ihrer Reise!

W0417820

www.marcopolo.de/norwe

NORWEGISCH

Wie viel kostet es?
Hva koster det?
[wa 'kosster de]

> EINFACHE AUSSPRACHE

Keine Scheu einfach loszulegen: Für die korrekte Aussprache sorgt die einfache Lautschrift – bei sämtlichen Wörtern, Begriffen und Formulierungen.

> ZEIGEBILDER

Bilder machen die Verständigung noch leichter. Ob beim Shoppen, im Restaurant, im Hotel oder bei Fragen zum Auto: unsere Zeigebilder helfen in jedem Fall schnell weiter.

> SCHNELL NACHGESCHLAGEN

VON A–Z
Die wichtigsten Themen alphabetisch sortiert: Vom Arztbesuch bis zum Telefongespräch.

WÖRTERBUCH
Hier finden Sie die 1333 wichtigsten Begriffe. Einfach praktisch!

INHALT

> SPEISEKARTE

Mit Spaß bestellen und mit Genuss essen – denn für Sie ist die Speisekarte in Landessprache ab jetzt kein Buch mit sieben Siegeln mehr.

> VOLLES PROGRAMM

Kultur oder Action, Sprach- oder Kochkurs, Tauchen oder Theaterabend: Formulierungen die dafür sorgen, dass Ihr Urlaub noch spannender wird.

> WIE DIE EINHEIMISCHEN

Insider Tipps Damit Sie als echter Insider gelten, nicht als Tourist.

BLOSS NICHT!
Hilft, Fettnäpfchen zu vermeiden.

ACHTUNG! SLANG
Einheimische noch besser verstehen!

WORTLOS GLÜCKLICH: ZEIGEBILDER

Farben, Muster, Materialien helfen Ihnen beim Einkaufen. Weitere Helfer für (fast) jede Gelegenheit finden Sie in diesem Sprachführer.

> www.marcopolo.de/norwegisch

AUSSPRACHE

Zur Erleichterung der Aussprache sind alle norwegischen Wörter und Wendungen zusätzlich mit einer einfachen Aussprache (in eckigen Klammern) versehen. Die Buchstaben in der Aussprache werden ausgesprochen wie im Deutschen, mit folgenden Sonderzeichen und Ausnahmen:

' vor einer Silbe bedeutet, dass die nachfolgende Silbe betont ist; z. B. Hallo! [hal'loh]

Beachten Sie:

- b, d, g, v werden im Norwegischen auch am Wortende stimmhaft ausgesprochen.
- Westnorwegen: er det [ähr de], har du [hahr dü], der nede [dähr 'nehde] Ostnorwegen: er det [äh de], har du [hah dü], der nede [däh 'nehde]
- Auslautendes d nach r ist stumm. Beispiele: jord [juhr] (Erde), bord [buhr] (Tisch). Auslautendes d nach einem Vokal wird in der Regel auch nicht ausgesprochen. Beispiele: med [meh] (mit), ved [weh] (bei), blad [blah] (Blatt), aber gud [gühd] (Gott)
- g wird in den Nachsilben -ig, -lig nicht ausgesprochen. Beispiele: viktig ['wickti] (wichtig), virkelig ['wirrkelli] (wirklich)
- Vor l wird das s im Ostnorwegischen [sch] ausgesprochen. Ausnahmen aber bei Namen, wo man beides hören kann. Beispiele: slå [schloh] (schlagen), slik [schlihk] (so), aber Oslo ['usslu] ['uschlu], Aslak ['asslack] ['aschlack] .
  Als [sch] werden sonst skj, sj, sk + i, y, ei, øy und -rs ausgesprochen. Beispiele: skjegg [schegg] (Bart), sjel [schehl] (Seele), ski [schih] (Ski), sky [schüh] (Wolke), skei [schäi] (Löffel), skøyter ['schöüter] (Schlittschuhe), vers [wäsch] (Vers).
- Als [ch] werden kj, k+i, y, tj ausgesprochen. Beispiele: kjenne ['chenne] (kennen), kino ['chihnu] (Kino), kyr [chühr] (Kühe), tjern [chährn] (Teich).
- Als j werden j, gj, hj, g+i, y, ei ausgesprochen. Beispiele: jern [jährn] (Eisen), gjerne ['jährne] (gern), hjerne ['jährne] (Hirn), gift [jifft] (Gift, verheiratet), gyldig ['jülldi] (gültig), geit [jäit] (Ziege).

Silbenstruktur und Betonung

Im Norwegischen sind Silben immer gleich lang, d. h. sie enthalten entweder einen kurzen Vokal und einen langen Konsonanten oder einen langen Vokal und einen kurzen Konsonanten. In der Transkription wird nur die Länge des Vokals angegeben (durch „h“). Nach kurzen Vokalen sind die Konsonanten also immer lang zu sprechen.

DAS NORWEGISCHE ALPHABET

A	a	[ah]	K	k	[koh]	U	u	[üh]
B	b	[beh]	L	l	[ell]	V	v	[weh]
C	c	[seh]	M	m	[emm]	W	w	['dobbel weh]
D	d	[deh]	N	n	[enn]	X	x	[ecks]
E	e	[eh]	O	o	[uh]	Y	y	[üh]
F	f	[eff]	P	p	[peh]	Z	z	[sett]
G	g	[geh]	Q	q	[küh]	Æ	æ	[äh]
H	h	[hoh]	R	r	[ärr]	Ø	ø	[öh]
I	i	[ih]	S	s	[ess]	Å	å	[oh]
J	j	[jeh]	T	t	[teh]			

ABKÜRZUNGEN

adj	Adjektiv, Eigenschaftswort	adjektiv
adv	Adverb, Umstandswort	adverb
konj	Konjunktion, Bindewort	konjunksjon
el	Elektrizität	elektrisitet
etw	etwas	noe
f	Femininum, weiblich	femininum
jdm	jemandem	noen
jdn	jemanden	noen
m	Maskulinum, männlich	maskulinum
n	Neutrum, sächlich	neutrum
pers prn	Personalpronomen	personlig pronomen
pl	Plural, Mehrzahl	pluralis, flerfall
poss prn	Possessivpronomen	possessiv pronomen
prn	Pronomen, Fürwort	pronomen
prp	Präposition, Verhältniswort	preposisjon
s.	sich	seg
sing/sg	Singular, Einzahl	singularis, enfall
verb	Verb, Zeitwort	verb

DIE SPRACHE

In Norwegen gibt es zwei offizielle Schriftsprachen, Bokmål und Nynorsk, und auch innerhalb dieser Schriftsprachen noch unterschiedliche Varianten. Durch eine Reihe von Rechtschreibreformen haben sich beide im Laufe des 20. Jahrhunderts immer weiter aneinander angenähert. Gleichzeitig sind durch diese Reformen innerhalb beider Schriftsprachen verschiedene Varianten entstanden. So kann z. B. „Milch“ auf Bokmål melk (eher traditionell) oder mjølk (dem Nynorsk und den Dialekten angenähert) heißen, auf Nynorsk heißt es immer mjølk. „Die Milch" kann auf Bokmål melka, melken oder mjølka heißen, auf Nynorsk mjølka oder mjølki.

Alle Norweger lernen in der Schule beide Schriftsprachen, wobei Bokmål im größten Teil des Landes, Nynorsk dagegen vor allem in ländlichen Gebieten Westnorwegens und in den Tälern Zentralnorwegens die Hauptsprache ist. Die mündliche Umgangssprache ist überall stark durch den Dialekt gefärbt, wobei in Ostnorwegen eine städtische Umgangssprache entstanden ist, die dem Bokmål nahe steht. Bokmål bildet die Grundlage der im Marco Polo Sprachführer verwendeten Sprachform.

Die folgende Darstellung basiert auf den häufigsten Formen des Bokmål und der ostnorwegischen Umgangssprache. In Fällen, wo zwei gleichberechtigte Formen existieren, werden beide durch / getrennt aufgeführt, wie im oben genannten Beispiel melk ‹-a/-en› / mjølk‹-a› ‹die› Milch.

HINWEISE ZUR BENUTZUNG DES WÖRTERBUCHS

In den Wortlisten am Ende eines Kapitels und im Wörterbuch (S. 109) steht das Substantiv in der Grundform. An erster Stelle folgt der bestimmte Artikel (**-en**, **-a** oder **-et**), der an den Stamm des Substantivs angehängt wird. An zweiter Stelle steht die Pluralendung: in der Regel wird der Plural durch Anhängen von **-er** gebildet. Hat der Plural Umlaut oder eine unregelmäßige Form, so ist die vollständige Pluralform angegeben.

> EXTRABETT IN STRANDNÄHE

Ob Sie ein Traumhotel am Meer suchen oder ein Zusatzbett im Zimmer brauchen: Formulieren Sie Ihre Urlaubswünsche per E-Mail, Fax oder am Telefon – und gehen Sie entspannt auf Reisen.

BUCHUNG PER E-MAIL

HOTEL | HOTELL [ho'tell]

Sehr geehrte Damen und Herren,
vom 24. bis 26. Juni hätte ich gern für zwei Nächte ein Einzel-/Doppel-/Zweibettzimmer in ...
Bitte teilen Sie mir mit, ob Sie ein Zimmer frei haben und was es pro Nacht, einschließlich Frühstück, kostet.
Mit freundlichen Grüßen

REISE PLANUNG

Forespørsel ang. overnatting
Vi kommer til å være i … fra 24. til 26. juni d.å. og ønsker å bestille et enkelt-/dobbelt-/to-sengsroms. Vær vennlig å meddele oss om de har ledige rom i denne perioden og hva overnattingen med frokost vil koste.
Med vennlig hilsen

MIETWAGEN | LEIEBIL ['läiebiel]

Sehr geehrte Damen und Herren,
für die Zeit vom 20. – 25. Juli möchte ich gern ab Flughafen XXX einen Kleinwagen/einen

Mittelklassewagen/einen Geländewagen/einen Kleinbus mieten. Mein Rückflug geht ab YYY und deshalb möchte ich das Auto dort zurückgeben. Bitte teilen Sie mir Ihre Tarife mit und welche Unterlagen ich benötige.
Mit freundlichen Grüßen

Ang. Leiebil i perioden 20.-25. juli
Jeg ønsker å leie en liten bil/middelklassebil/terrengbil/en minibuss fra XXX i tidsrommet 20.–25. juli. Flyet mitt tilbake går fra YYY og jeg håper at det er mulig å levere bilen der. Vær vennlig å sende meg en prisoversikt samt opplysninger om hvilke dokumenter jeg må legge fram.
Med vennlig hilsen

FRAGEN ZUR UNTERKUNFT

Ich habe vor, meinen Urlaub in ... zu verbringen. Können Sie mir bitte Informationen über Unterkünfte in der Gegend geben?	Jeg planlegger ferie i … Kan dere gi meg opplysninger om overnattingsmuligheter i dette området. [[jäi 'plahnlägger 'fehrie i kann 'dähre ji mäi upp'lüsninger om 'owernattingsmüliheter i 'dätte 'omrohde]
Ist es zentral/ruhig/ in Strandnähe gelegen?	Ligger det sentralt/rolig/i nærheten av sjøen? ['ligger de 'säntralt/'ruhli/i 'närhehten aw 'schöen]
Wie viel kostet das pro Woche?	Hvor mye koster det i uka? [wur 'müe 'koster de i 'üka]
Hat diese Unterkunft eine Internet- oder E-Mail-Adresse?	Har denne overnattingsbedriften en web- eller e-post-adresse? [har 'denne 'owernattings-bedriften en wäb 'eller 'epostadrässe]

Hotel	hotell [ho'tel]
Pension	pensjonat [pan'schohn]
Zimmer	rom [ruhm]
Hütte	hytte ['hütte]
Ferienwohnung	ferieleilighet ['ferieläiliheht]

HOTEL – PENSION – ZIMMER
HOTELL – PENSJON – ROM [ho'tel – pan'schohn – ruhm]

> **Übernachtung: Seite 68 ff.**

Ich suche ein Hotel, jedoch nicht zu teuer – etwas in der mittleren Preislage.	Jeg prøver å finne et hotell med rolig beliggenhet som ikke er altfor dyrt. [jäi 'pröhwer oh 'finne ett ho'tell meh 'ruhli be'ligenheht]

Ich suche ein Hotel mit Hallenbad/Wellnessbereich/Alpinhängen in der Nähe. Jeg prøver å finne et hotell med svømmebad/velværeavdeling/med alpinbakker i nærheten. [jäi 'pröhwer oh 'finne ett ho'tell meh 'swömmebad/'wällwähreawdelin/meh al'pinbacker i 'närhehten]

Können Sie mir ein schönes Zimmer mit Frühstück empfehlen? Kan du anbefale et fint rom med frokost? [kann dü 'anbefahle ät fient ruhm me 'fruhkost]

Ist es möglich, ein weiteres Bett in einem der Zimmer aufzustellen? Er det mulig å sette opp en ekstra seng på rommet? [ähr de 'mühli oh 'sette upp ehn 'extra säng po 'rumme]

FERIENHÄUSER/FERIENWOHNUNGEN
HYTTER/FERIELEILIGHETER ['hütter, 'fehrieläiliheter]

Übernachtung: Seite 74 f.

Ich suche eine Ferienwohnung oder eine Hütte. Jeg vil gjerne leie en ferieleilighet eller en hytte. [jäi will 'järne 'läie en 'fehrieläilihet äller ehn 'hütte]

Können Sie eine Hütte am Fjord/mit Blick über den Fjord empfehlen? Kan du anbefale ei hytte ved fjorden/med utsikt over fjorden? [kann dü 'anbefahle äi 'hütte we 'fjuhren/meh 'ütsikt ower 'fjuhren]

Für wie viele Leute soll es sein? For hvor mange personer skal det være? [for wur 'mange pär'suhnär skall däh 'währe]

Gibt es ...? Er det med ...? [ähr de meh]

- **eine Küche** et kjøkken [ett 'chöcken]
- **eine Spülmaschine** en oppvaskmaskin [en 'uppwaskmaschin]
- **einen Kühlschrank** et kjøleskap [ett 'chöhleskap]
- **eine Waschmaschine** vaskemaskin ['waskemaschin]
- **ein Boot bei der Hütte** båt ved hytta [boht we 'hütta]

Werden Bettwäsche und Handtücher gestellt? Er der sengetøy og håndklær? [ähr det 'sängetöi og 'honklähr]

Wie viel muss ich anzahlen und wann ist die Anzahlung fällig? Hvor mye må vi betale i forskudd – og når? [wur müe mo wi be'tahle i 'forsküd – og norr]

Wo und wann kann ich die Schlüssel abholen? Når og hvor får jeg nøklene? [norr og wur for jäi 'nöcklene]

CAMPING | CAMPING ['kämping]

Ich suche einen schönen Campingplatz (am Wasser). Jeg leter etter en fin campingplass (ved vannet). [jäi leter ätter en fien 'cämpingplass/we 'wanne]

Können Sie mir irgendetwas empfehlen? Kann du anbefale noe? [kann dü 'anbefale 'nue]

> MEHR ERLEBEN

Nur keine Scheu! Der Smalltalk im Café, die Plauderei beim Einkauf, der Flirt beim Clubben – reden Sie drauflos, es ist einfacher als Sie denken! Und macht die Reise erst so richtig spannend.

BEGRÜSSUNG | VELKOMST ['wällkomst]

Guten Morgen!	God morgen! [gu 'mohrn]
Guten Tag!	God dag! [gu 'dahg]
Guten Abend!	God kveld! [gu 'kwell]
Hallo!/Grüß dich!	Hallo!/Hei! [hal'loh/häi]
Wie geht es Ihnen/dir?	Hvordan har du det? ['wurrdan hahr düh de]
Wie geht's?	Hvordan går det? [wurrdan 'gohr de]/ Hvordan står det til? [wurrdan sstohr de 'till]
Danke.	Takk, bra. [tack 'brah]
Und Ihnen/dir?	Og med deg? [oh meh 'däi]

IM GESPRÄCH

MEIN NAME IST ... | NAVNET MITT ER… ['nawwne mitt ähr]

Wie ist Ihr Name, bitte?	Unnskyld, hva var navnet? ['ünnschüll wah wahr 'nawwne]
Wie heißt du?	Hva heter du? [wah 'hehter dü]
Ich heiße ...	Jeg heter… [jäi 'hehter]
Darf ich bekannt machen?	Får jeg presentere? [fohr jäi pressang'tehre]
Dies ist ...	Dette er… ['dette ähr]
Frau X.	Fru X. [früh]
Herr X.	Herr X. [härr]
Freut mich!	Gleder meg! ['glehder mäi]

AUF WIEDERSEHEN! | FARVEL! [far'well]

Tschüss!	Ha det! ['hah de]
Bis später!	Vi sees seinere! [wi 'sees 'säinere]
Bis morgen!	Vi sees i morgen! [wi 'sees i 'mohrn]
Bis bald!	Vi sees! [wi 'sees]
Gute Nacht!	God natt! [gu 'natt]

BITTE | VÆR SÅ GOD/SNILL ['wähscho'guh/'snill]

Darf ich dich um einen Gefallen bitten?	Kan du gjøre meg en tjeneste? [kann dü 'jöhre mäi en 'tjehnesste]
Können Sie mir bitte helfen?	Unnskyld, kan du hjelpe meg? ['ünnschüll kann dü 'jelpe mäi]
Gestatten Sie?	Tillater du? ['tillahter dü]
Bitte sehr.	(Beim Geben, Anbieten, Erlauben und als Antwort auf Danke) Vær så god! ['wäh scho guh]; (nach Entschuldigung) Ingen årsak. ['ingen 'ohschahk]
Gern geschehen.	Det var da så lite. [de 'wahr da so 'lihte]
Mit Vergnügen!	Med glede! [meh 'glehde]

DANKE! | TAKK! [tack]

Vielen Dank!	Mange takk! ['mange 'tack]
Danke, sehr gern!	Takk svært gjerne! ['tack swährt 'jährne]
Nein, danke!	Nei, takk! ['näi tack]
Danke, gleichfalls!	Takk, i like måte! [tack i 'lihge 'mohde]
Das ist nett, danke.	Takk, det var fint. ['tack 'deh war 'fihnt]
Vielen Dank für Ihre Hilfe.	Mange takk for hjelpen. [mange tack for 'jellpen]

ENTSCHULDIGUNG! | UNNSKYLD! ['ünnschüll]

Das tut mir leid.	Jeg beklager. [jäi be'klahger]
Schade!	Så synd! [so 'sünn]

ALLES GUTE! | LYKKE TIL! ['lücke 'till]

Herzlichen Glückwunsch!	Hjertelig til lykke! ['järrteli till 'lücke]
Alles Gute zum Geburtstag!	Gratulerer med bursdagen! [gratü'lehrer me 'büschdahgen]
Viel Erfolg!/Viel Glück!	Lykke til! ['lücke 'till]

> www.marcopolo.de/norwegisch

KOMPLIMENTE | KOMPLIMENTER [kompli'manger]

Wie schön! Så flott! [soh flott]
Das ist wunderbar! Det er fantastisk! [de ähr fan'tastisk]
Sie sprechen sehr gut Deutsch. Du snaker veldig godt tysk. [dü 'snacker 'wäldi gott tüsk]
Sie sehen gut aus! Du er fin! [dü ähr fien]
Das ist sehr nett von Ihnen/dir! Det er veldig snilt av deg! [de ähr 'wälldi snilt aw däi]

WIE DIE EINHEIMISCHEN

Insider Tipps

Den lieben langen Tag ...
In der Umgangssprache sagt man den ganzen Tag *morgen* [morn].

„Hör mal, du!"
Das respektvolle *De* [Di] („Sie") hat fast antiquarischen Wert und gilt kategorisch nur noch gegenüber dem König. Man duzt sich schon bei der ersten Begegnung. Statt mit Namen werden Freunde, Bekannte oder Kollegen mit *Du* angeredet (*Du, kan du kjøpe et rundstykke til meg?* [dü, kann dü 'chöhpe ett rünnsstücke till mei] „Kannst du mir ein Brötchen mitbringen?").

Per Handschlag?
Beim Kennenlernen begrüßen sich Jung und Alt, Mann und Frau mit einem Händedruck und Nennung des Vornamens oder vollen Namens. Beim nächsten Treffen genügt das *Hei* [häi] („Hallo"), manchmal unterstützt durch ein kurzes Handheben. Beim Kauf oder Verkauf von Gebrauchtem allerdings wird das Geschäft immer noch mit einem Händedruck besiegelt.

„Takk!" („Hallo")
... ist ein unverzichtbares Wort. Die Norweger bedanken sich gerne und häufig. Oft fügt man auch hinzu, wofür man sich bedankt, z. B.:

Takk for besøket.	[tack for be'söhke]	Danke für den Besuch.
Takk for lånet.	[tack for 'lohne]	Danke fürs Ausleihen.
Takk for i går.	[tack for i 'gohr]	Danke für gestern. nach einer Einladung
Takk for maten.	[tack for 'mahten]	Danke fürs Essen. nach der Mahlzeit
Takk for sist.	[tack fo 'schist]	Danke für neulich.

Das sicherlich gut gemeinte *Takk for alt* [tack for alt] („Danke für alles") sollte tunlichst vermieden werden. Es steht als letzter Gruß auf vielen Grabsteinen.

angenehm	behagelig [be'hageli]
ausgezeichnet	utmerket ['ütmährket]
beeindruckend	inntrykksfull ['inntrücksfüll]
freundlich	vennlig ['wännli]
herrlich	flott [flott]
hübsch	pent [pehnt]
lecker	deilig ['däili]
schön	fin [fien]

SMALLTALK | SMÅPRATING ['smohprating]

ZUR PERSON OM PERSONEN [om pär'suhnen]

Wie alt sind Sie/bist du?	Hvor gammel er du? [wurr 'gammel ähr dü]
Ich bin 24.	Jeg er tjuefire. [Jäi ähr chüe'fiere]
Was machen Sie/ machst du beruflich?	Hva jobber du med? [wa 'jobbär dü me]
Ich bin …	Jeg er … [jäi ähr]
Ich arbeite bei …	Jeg arbeider hos … [jäi 'arbäider hus]
Ich gehe noch zur Schule.	Jeg går på skolen ennå. [jäi gor po 'skulen 'enno]
Ich bin Student/in.	Jeg er student. [jäi ähr stü'dent]

HERKUNFT UND AUFENTHALT OPPRINNELSE OG OPPHOLD [upp'rinnälse oh 'oppholl]

Woher kommen Sie/ kommst du?	Hvor kommer du fra? [wurr 'kommer düh frah]
Ich bin aus …	Jeg kommer fra … [jäi 'kommer frah]
Sind Sie/Bist du schon lange in …?	Har du vært lenge i …? [har dü wärt 'länge i]
Ich bin seit … hier.	Jeg har vært her siden … [Jäi har wärt hähr 'sieden]
Wie lange bleiben Sie/ bleibst du?	Hvor lenge blir du? [wur 'länge blir dü]
Sind Sie/Bist du zum ersten Mal hier?	Er det første gang du er her? [ähr de 'förste gang dü ähr hähr]
Gefällt es Ihnen?	Liker du deg? ['lieker dü däi]

HOBBYS HOBBIER ['hobbier]

Haben Sie/Hast du ein Hobby?	Hva gjør du i fritiden din? [wa jör dü i 'frietiden din]
Wofür interessieren Sie sich so?	Hva interesserer du deg for? [wa intere'sserer dü däi for]
Ich interessiere mich für …	Jeg er interessert i … [jäi ähr intere'ssert i]
Ich surfe viel im Internet.	Jeg surfer mye på nettet. [jäi 'sürfer müe po 'nette]

fotografieren	ta bilder [ta 'bilder]
Freunde treffen	treffe venner ['treffe 'wenner]

Karten-/Brettspiele	kort/brettspill ['kurt-/'brettspill]
Computerspiele	dataspill ['dahtaspill]
Kino/Filme	kino/filmer [chieno/filmer]
kochen	lage mat ['lahge maht]
lesen	lese ['lehse]
malen	male ['mahle]
Musik hören/machen	høre/spille musikk ['höhre/'spille mü'sick]
reisen	reise ['räise]
Sprachen lernen	lære språk ['lähre sprohk]

SPORT IDRETT ['idrätt]

Volles Programm: Seite 85 ff.

Welchen Sport treiben Sie?	Hva slag idrett driver du med? [wa schlags ie'drätt 'driewer dü meh]
Ich spiele ...	Jeg spiller ... [jäi 'spiller]
Ich wandere/jogge/ fahre Rad.	Jeg går på tur/løper/sykler en del. [jäi gor po tühr/'löhper/'sückler ehn dehl]
Ich spiele einmal in der Woche Squash/Golf.	Jeg spiller squash/golf engang i uka. [jäi 'spiller sqosch/golf ehn gang i 'üka]
Ich gehe regelmäßig ins Fitnesscenter.	Jeg pleier å gå på trimmstudio. [jäi 'pläier oh goh po 'trimmstüdio]

VERABREDUNG/FLIRT | AVTALE/FLØRT ['ahwtahle/flöhrt]

Haben Sie/Hast du für morgen schon etwas vor?	Skal du noe i morgen? ['skall dü nue i 'moern]
Wann treffen wir uns?	Når skal vi treffes? ['no schkall wi 'treffes]
Hast du einen Freund/eine Freundin?	Har du noen venn/venninne? [hahr du nuen 'wenn/wen'ninne]
Sind Sie verheiratet?	Er du gift? [ähr dü 'jifft]
Ich habe mich den ganzen Tag auf Sie/dich gefreut.	Jeg har gledet meg til å møte deg i hele dag. [jäi hahr 'glehdet mäi till o 'möhte däi i 'hehle dahg]
Du hast wunderschöne Augen!	Du har vidunderlig vakre øyne. [düh hahr wid'ünnderli 'wackre 'öüne]
Ich habe mich in dich verliebt.	Jeg er forelsket i deg. [jäi ähr for'ällsket i däi]
Ich mich auch in dich.	Jeg i deg også. ['jäi i 'däi 'osso]
Ich liebe dich!	Jeg elsker deg! [jäi 'ällsker däi]
Kommst du mit zu mir?	Har du lyst å bli med meg hjem? [hahr dü lüst oh bli meh mäi jemm]
Ich möchte mit dir schlafen.	Jeg har lyst til å ligge med deg. [jäi hahr 'lüsst till o 'ligge meh däi]

Aber nur mit Kondom!	Men bare med kondom (gummi). [menn 'bahre me kun'duhm (gümmi)]
Hast du Kondome?	Har du kondomer? [hahr du kun'duhmer]
Wo kann ich welche kaufen?	Hvor kan jeg få kjøpt noen? [Wur kann jäi fo chöpt nuen]
Nein, das geht mir zu schnell!	Nei, det går litt for fort for meg! [näi de gohr litt fohr furt fohr mäi]
Ich will nicht.	Jeg vil ikke. [jäi 'will icke]
Bitte geh jetzt!	Vær så snill å gå nå! [wäh scho 'snill o goh noh]
Hör sofort auf!	Hold opp med en gang. [holl 'opp me 'ehn gang]
Hau ab!	Forsvinn! [fo'schwinn]
Lassen Sie mich bitte in Ruhe!	Vær så vennlig å la meg være i fred! ['wäh scho 'wennli o lah mäi währe i 'freh]

ZEIT

UHRZEIT | KLOKKA ['klocka]

WIE VIEL UHR IST ES? **HVOR MYE ER KLOKKA?** [wurr 'müe ähr 'klocka]

> Zeitangaben: Umschlagklappe

UM WIE VIEL UHR?/WANN? NÅR? [norr]

Um 1 Uhr.	Klokka ett. [klocka 'ett]
In einer Stunde.	Om en time. [omm en 'tihme]
Zwischen 3 und 4.	Mellom tre og fire. [mellom 'treh o 'fihre]

WIE LANGE? HVOR LENGE? [wurr 'lenge]

Zwei Stunden (lang).	To timer. ['tuh 'tihmer]

WIE DIE EINHEIMISCHEN

Insider Tipp

Vorspiel und Nachspiel

Es gibt im Norwegischen nur wenige Wörter, die aus dem Hochdeutschen stammen. Zwei Wörter haben dabei eine witzige Bedeutungsverschiebung durchgemacht. Wer zu einem *Vorspiel* (geschrieben und ausgesprochen wie im Deutschen) eingeladen wird, darf getrost hingehen. Es ist das Fest vor dem Fest, oftmals im viel kleineren Rahmen, und fällt günstiger aus als im Restaurant. Wenn die Party besonders gelungen ist, kann es vorkommen, dass einer der Gäste zum Nachspiel einlädt. Dort wird dann bis zum frühen Morgen gefeiert – oder bis die Hausbar leer ist.

Von 10 bis 11.	Fra ti til elleve. [fra 'tih till 'ellwe]
Bis 5 Uhr.	Til klokka fem. [till klocka 'femm]

SEIT WANN? FRA NÅR? [fra 'norr]

Seit 8 Uhr morgens.	Fra klokka åtte i dag tidlig. [fra klocka 'otte i dahg tihdli]
Seit einer halben Stunde.	I en halv time. [i en hall 'tihme]

SONSTIGE ZEITANGABEN
ØVRIGE TIDSANGIVELSER ['öhwrie tiddsannjihwelser]

morgens	om morgenen [omm 'mohrnen]
vormittags	om formiddagen [omm 'forrmiddagen]
mittags	ved middagstid [we 'middagsstih]
nachmittags	om ettermiddagen [omm 'ettermiddagen]
abends	om kvelden [omm 'kwellen]
nachts	om natta [omm 'natta]
vorgestern	i forgårs [i 'forrgohsch]
gestern	i går [i 'gohr]
vor zehn Minuten	for ti minutter siden [for tih mienütter sieden]
heute	i dag [i 'dahg]
jetzt	nå [noh]
morgen	i morgen [i 'mohrn]
übermorgen	i overmorgen [i 'ohwermohrn]
diese Woche	denne uka [denne 'ühka]
am Wochenende	i helgen [i hälgen]
am Sonntag	(på) søndag [(po) 'sönndag]
in 14 Tagen	om fjorten dager [omm 'fjurrten 'dahger]
nächstes Jahr	neste år ['nesste 'ohr]
manchmal	iblant [i'blannt]
stündlich	hver time [währ 'tihme]
täglich	daglig ['dahgli]
innerhalb einer Woche	i løpet av ei uke [i löpe aw ühke]
bald	snart [snart]

DATUM | DATO ['dahtu]

Den Wievielten haben wir heute?	Hvilken dato har vi i dag? ['willken 'dahtu hahr wi i 'dahg]
Heute ist der 1. Mai.	I dag er det den første mai. [i 'dahg ähr de denn 'föschte 'mai]

WOCHENTAGE | UKEDAGER ['ühkedahger]

Montag	mandag ['manndag]
Dienstag	tirsdag ['tihschdag]
Mittwoch	onsdag ['unnssdag]
Donnerstag	torsdag ['tuhschdag]
Freitag	fredag ['frehdag]
Samstag	lørdag ['löhrdag]
Sonntag	søndag ['sönndag]

MONATE | MÅNEDER ['mohneder]

Januar	januar [janü'ahr]
Februar	februar [febbrü'ahr]
März	mars [masch]
April	april [a'prihl]
Mai	mai ['mai]
Juni	juni ['jühni]
Juli	juli ['jühli]
August	august [äü'güst]
September	september [sep'temmber]
Oktober	oktober [ok'tohber]
November	november [nu'wemmber]
Dezember	desember [de'semmber]

JAHRESZEITEN | ÅRSTIDER ['ohschtihder]

Frühling	vår [wohr]
Sommer	sommer ['sommer]
Herbst	høst [hösst]
Winter	vinter ['winter]

FEIERTAGE | HELLIGDAGER ['hellidahger]

Neujahr	nyttår ['nüttohr]
Dreikönigstag	trettendedagen ['trettendedahgen]
Karneval	karneval, -et ['karnewall]
Fastnacht	fastelavn ['fasstelawwn]
Gründonnerstag	skjærtorsdag ['schährtuhschdag]
Karfreitag	langfredag ['langfrehdag]
Ostern	påske ['pohske]

> *www.marcopolo.de/norwegisch*

Ostermontag	annen påskedag ['aen 'pohskedahg]
1. Mai	første mai ['föschte 'mai]
Nationalfeiertag (17. Mai)	nasjonaldagen [naschu'nahldahgen ('süttende 'mai)]
Christi Himmelfahrt	Kristi himmelfartsdag ['krissti 'himmelfarrtssdahg]
Pfingsten	pinse ['pinnsse]
Pfingstmontag	andre pinsedag ['anndre 'pinnssedahg]
Weihnachten	jul [jühl]
Heiliger Abend	julekvelden ['jühlekwellen]
1. Weihnachtsfeiertag	første juledag ['föschte 'jühledahg]
2. Weihnachtsfeiertag	annen juledag ['aen 'jühledahg]
Silvesterabend	nyttårsaften ['nüttohschafften]

WETTER

Wie wird das Wetter heute?	Hvordan blir været i dag? ['wurrdan blihr 'währe i 'dahg]
Es bleibt schön/schlecht.	Det fine/dårlige været fortsetter. [de 'fihne/'dohrlie 'währe 'furrtssetter]
Es wird wärmer/kälter.	Det blir varmere/kaldere. [de blihr 'warrmerre/'kallere]
Es soll regnen.	Det blir regn/snø. [de blihr 'räin/'snöh]
Es ist kalt/heiß/schwül.	Det er kaldt/varmt/lummert. [de ähr kallt/warrmt/'lummert]
Wie viel Grad haben wir heute?	Hvor mange grader er det i dag? [wurr 'mange 'grahder ähr de i 'dahg]
Es ist 20 Grad.	Det er 20 grader (Celsius). [de ähr 'chüe 'grahder ('ssellsiuss)]

bewölkt	skyet ['schüet]
Ebbe	fjære, -a ['fjähre]
Flut	flo, -a/-en [fluh]
Frost	frost, -en [frost]
Gewitter	tordenvær, -et, - ['turrdenwähr]
Glatteis	hålke, -a/-en ['hollke], glatt føre [glatt föhre]
heiß	varmt [warrmt], hett [hett]
kalt	kaldt [kallt]
Nebel	tåke, -a/-en, -er ['tohke]
Regen	regn, -et [räin]
Schnee	snø, -en [snöh]
Sonne	sol, -a/-en, -er [suhl]
trocken	tørr [törr]
Überschwemmung	oversvømmelse, -en, -er ['ohwerschwömmelse]
warm	varm [warrm]
wechselhaft	skiftende ['schifftende]
Wind	vind, -en, -er [winn]

> WO GEHT ES NACH...?

Wenn Sie sich verirrt oder verfahren haben oder einfach nicht mehr weiter wissen: Fragen Sie! Dieses Kapitel hilft Ihnen dabei.

WO GEHT'S LANG?

Bitte, wo ist ...?	Unnskyld, hvor ligger …? ['ünnschüll wurr 'ligger]
Können Sie mir sagen, wie ich nach ... komme?	Kan du fortelle meg hvordan jeg kommer til …? [kann dü for'tälle mäi wur'dan jäi 'kommer till]
Welches ist der kürzeste Weg nach/zu ...?	Hva er den korteste veien til …? [wah ähr denn 'kurrtesste 'wäien till]
Wie weit ist das?	Hvor langt er det? [wurr 'langt ähr de]
Gehen Sie geradeaus/ nach links/nach rechts.	Gå rett fram/til venstre/til høyre. [goh 'rett 'framm/till 'wennsstre/till 'höüre]

UNTER WEGS

Erste/Zweite Straße links/ rechts.	Første/Andre gate til venstre/til høyre. ['föschte/'anndre 'gahte till 'wennsstre/till 'höüre]
Überqueren Sie ...	Gå over … [go 'ohwer]
die Brücke.	brua. ['brüa]
den Platz.	plassen. ['plassen]
die Straße.	gata. ['gahta]
Dann fragen Sie noch einmal.	Så spør du igjen. [soh 'sspörr dü i'jenn]
Sie können den Bus Nr. ... nehmen.	Du kan ta buss nummer … [dü kann tah 'büss nummer]

AN DER GRENZE

ZOLL/PASS | TOLL/PASS [toll/pass]

IHREN PASS, BITTE! KAN JEG FÅ SE PASSET (DITT), TAKK? [kann jäi fo seh 'passe (ditt) tack]

Ihr Pass ist abgelaufen. Passet ditt er utgått. [passe ditt ähr ütgott]

HABEN SIE ETWAS ZU VERZOLLEN? HAR DU NOE Å FORTOLLE? [hahr dü 'nue o for'tolle]

Nein, ich habe nur ein paar Geschenke. Nei, jeg har bare et par gaver. [näi jäi hahr 'bahre ett pahr 'gahwer]

Fahren Sie bitte rechts/links heran. Vær vennlig å kjøre til høyre/venstre. [währ 'wennli o chöhre till 'höüre/'wennsstre]

Öffnen Sie bitte den Kofferraum/diesen Koffer. Kan du åpne bagasjerommet/denne kofferten? [kann dü 'ohpne ba'gahscherumme/ denne 'kufferten]

Muss ich das verzollen? Må jeg fortolle det? [moh jäi for'tolle 'deh]

Ausfuhr	eksport, -en [ex'porrt]
Ausreise	utreise, -a/-en, -er ['ühträisse]
Einfuhr	import, -en [ip'porrt]
Einreise	innreise, -a-en, -er ['innräisse]
Familienname	etternavn, -et, - ['etternawwn]
Familienstand	sivilstand, -en [si'wihlsstann]
ledig	ugift ['üjifft]
verheiratet	gift [jifft]
Führerschein	førerkort, -et, - ['föhrerkorrt]
Geburtsdatum	fødselsdato, -en, -er ['föddselsdahtu]
Geburtsname	fødselsnavn, -et, - ['föddselsnawwn]
Geburtsort	fødested, -et, -er ['föhdesstehd]
gültig	gyldig ['jülldi]
Nationalitätskennzeichen	nasjonalitetstegn, -et, - [naschunali'tehtsstäin]
Personalausweis	legitimasjonskort, -et, - [legitima'schuhnskorrt]
Reisepass	pass, -et, - [pass]
Staatsangehörigkeit	nasjonalitet, -en, -er [naschunali'teht]
Visum	visum, -et, visa ['wihssüm]
Vorname	fornavn, -et, - ['fornawwn]
Wohnort	bosted, -et, -er ['buhsstehd]
Zoll	toll, -en [toll]
zollfrei	tollfri ['tollfrih]
zollpflichtig	tollpliktig ['tollplickti]

UNTERWEGS

... MIT DEM AUTO/MOTORRAD/FAHRRAD

WIE KOMME ICH NACH ...? HVORDAN KOMMER JEG TIL...? ['ünnschüll 'wurrdann 'kommer jäi till]

Wie weit ist das?	Hvor langt er det? [wurr 'langt ähr de]
Bitte, ist das die Straße nach ...?	Unnskyld, er dette veien til ...? ['ünnschüll ähr dette 'wäien till]
Immer geradeaus bis ...	Rett fram til ... ['rett 'framm till]
Dann links/rechts abbiegen.	Så ta til venstre/høyre. [soh tah till 'wennsstre/'höüre]

VOLL TANKEN, BITTE | FULL TANK, TAKK [füll 'tank tack]

Wo ist bitte die nächste Tankstelle?	Unnskyld, hvor er nærmeste bensinstasjon? ['ünnschüll wurr ähr 'närrmesste ben'sihnssta'schuhn]
Ich möchte ... Liter ...	Jeg skal ha ... liter ... [jäi skall hah ... 'lihter]
Normalbenzin.	normalbensin. [nur'mahlben'sihn]
Super.	super. ['sühper]
Diesel.	diesel. ['dihssel]
bleifrei/verbleit/mit ... Oktan.	blyfri/blyholdig/med... oktan. ['blühfrih/'blühholldi/me ... ok'tahn]
Prüfen Sie bitte den Ölstand/den Reifendruck.	Kunne du være så vennlig å kontrollere oljen/dekktrykket? [künne dü 'währe so 'wennli oh kunntrul'lere 'olljen/'decktrücke]

PARKEN | PARKERING [parkehring]

Gibt es hier in der Nähe eine Parkmöglichkeit?	Fins det noen parkeringsplass her i nærheten? [finns de nuen par'kehringssplass hähr i 'nährhehten]
Kann ich das Auto hier abstellen?	Kan jeg sette bilen her? [kann jäi 'sette 'bihlen 'hähr]

PANNE | UHELL ['ühhell]

Ich habe einen Platten.	Jeg har punktert. [jäi hahr punk'tehrt]
Würden Sie mir bitte einen Abschleppwagen schicken?	Kunne dere sende en bergingsbil? [künne dehre 'senne en 'bärrgingsbihl]
Könnten Sie mir mit Benzin aushelfen?	Kunne du hjelpe meg med litt bensin? [künne dü 'jellpe mäi meh litt ben'sihn]
Könnten Sie mir beim Reifenwechsel helfen?	Kunne du hjelpe meg med å skifte dekk? [künne dü 'jellpe mäi meh o schiffte 'deck]
Würden Sie mich bis zur nächsten Werkstatt mitnehmen?	Kunne du ta meg med til nærmeste verksted? [künne du tah mäi 'meh till närrmesste 'wärrkstehd]

WERKSTATT | VERKSTED ['wärrkssteh(d)]

Mein Wagen springt nicht an.	Bilen min starter ikke. ['bihlen minn 'sstarrter icke]
Können Sie mal nachsehen?	Vil du undersøke hva det er som er galt? [will dü ünnde'schöhke wah de ähr somm ähr 'gahlt]
Die Batterie ist leer.	Batteriet er utladet. [batte'rie ähr 'ühtlahdet]
Mit dem Motor stimmt was nicht.	Det er noe galt med motoren. [de 'ähr nue 'gahlt me 'muhturen]
Die Bremsen funktionieren nicht.	Bremsene fungerer ikke. ['bremsene fün'gehrer icke]
... ist defekt.	… er defekte. [ähr de'fekte]
Der Wagen verliert Öl.	Bilen lekker olje. [bihlen lecker 'ollje]
Was wird es kosten?	Hva vil det koste? [wah will de 'kosste]

UNFALL | ULYKKE ['ülücke]

Rufen Sie bitte schnell ...	Vær så snill og ring etter … straks. ['wäh scho 'snill o 'ring etter ... sstracks]
einen Krankenwagen.	en sjukebil [en 'schühkebihl]
die Polizei.	politiet [puli'tie]
die Feuerwehr.	brannvesenet ['brannwehssene]
Sind Sie verletzt?	Er du skadet? [ähr dü skadet]
Haben Sie Verbandszeug?	Har du forbindingssaker? [hahr dü for'binningssahker]
Es war meine Schuld.	Det var min skyld. [de wahr 'minn 'schüll]
Es war Ihre Schuld.	Det var din skyld. [de wahr 'dinn 'schüll]
Sollen wir die Polizei holen, oder können wir uns so einigen?	Skal vi hente politiet, eller kan vi bli enige her? [skall wi hennte puli'tie eller kann wi blih 'ehnie 'hähr]

Ich möchte den Schaden durch meine Versicherung regeln lassen.	Jeg vil la forsikringsselskapet mitt ordne med skaden. [jäi will lah fo'schickringsselskahpe mitt 'orrdne meh 'skahden]
Geben Sie mir bitte Ihren Namen und Ihre Anschrift/ Namen und Anschrift Ihrer Versicherung.	Kan jeg få navnet og adressen din/navnet og adressen til ditt forsikringsselskap? [kann jäi foh 'nawwne o a'dressen dinn/'nawwne o ad'ressen till ditt fo 'schickringsselskap]
Vielen Dank für Ihre Hilfe.	Mange takk for hjelpen. [mange tack for 'jellpen]

abschleppen	slepe bort, -te, -t [schlehpe 'burrt]
Abschleppseil	slepetau, -et, - ['schlehpetäü]
Abschleppwagen	bergingsbil, -en, -er ['berrgingsbihl]
Ampel	trafikklys, -et, - [tra'ficklühs]
Anlasser	startmotor, -en, -er ['sstarrtmuhtur]
Autobahn	motorvei, -en, -er ['muhturwäi]
Automatik(getriebe)	automatgir, -et, - [äütomahtgier]
Baustelle	veiarbeid/vegarbeid, -et, -er ['wäiarrbäid]
Benzin	bensin, -en [ben'sihn]

WIE DIE EINHEIMISCHEN

Insider Tipps

Wie weit ist es noch?

Große Entfernungen und kurvenreiche Straßen. Kein Wunder, dass die Norweger lieber ihre eigene *mil* (= 10 km) als Angaben in Kilometern benutzen. Es hört sich einfach nicht so anstrengend an, wenn man 30 mil statt 300 km oder gar „eine Tagesreise" sagt. Und es geht ja auch langsamer voran. Die Gründe: Nur um die Großstädte herum gibt es Autobahnen, dafür vor allem im Westen und Norden viele Fähren, endloses Kurven fahren, schmale Straßen, viele Geschwindigkeitsbegrenzungen und -kontrollen. Und empfindliche Bußgelder! Trotzdem gelten Norweger als rasante und teils egoistische Autofahrer.

Hilfe!

Hilfe auf der Landstraße – es gibt sie noch. Je abgelegener, desto häufiger wird man es hören: *Trenger du hjelp?* [trenger dü jelp] („Brauchen Sie Hilfe?"). Allerdings gilt auch hier, dass niemand sich aufdrängen möchte – oder aufdrängen sollte. Wenn's etwas Ernstes ist, wird der höfliche Norweger entweder selbst Hand anlegen oder aber das Abschleppen zur nächsten Werkstatt anbieten. Besonders in ländlichen Gegenden finden sich dort oft die reinsten Multikünstler. Zudem hat so mancher Tourist über die Autopanne auch neue Bekanntschaften gemacht.

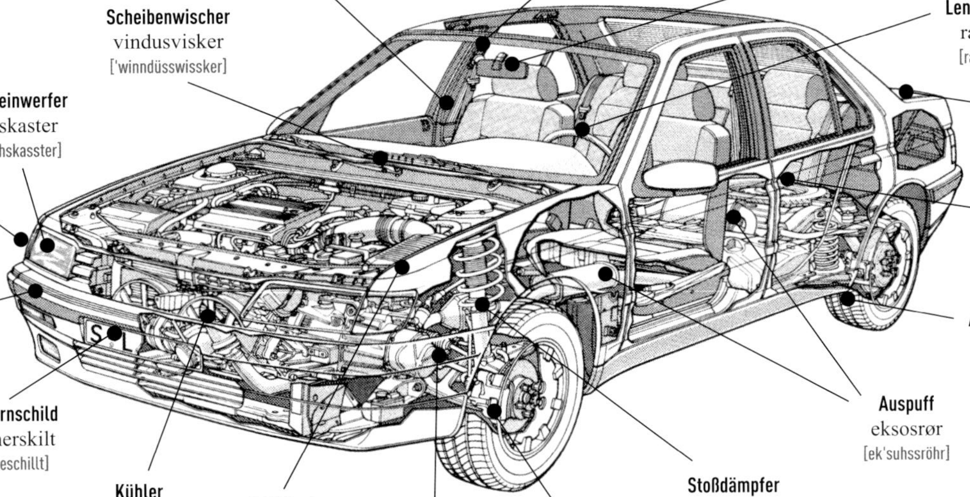
Sicherheitsgurt
bilbelte
['bihlbellte]
Windschutzscheibe
frontrute ['fronntrühte]
Rückspiegel
sladrespeil
['schladdresspäil]
Scheibenwischer
vindusvisker
['winndüsswissker]
Lenkrad
ratt
[ratt]
Scheinwerfer
lyskaster
['lühskasster]
Kofferraum
bagasjerom
[ba'gahscherumm]
Blinker
blinklys
['blinklühs]
Ersatzrad
reservehjul
[res'särrwejühl]
Stoßstange
støtfanger
['sstöhtfanger]
Autoreifen
bildekk
['bihldeck]
Nummernschild
nummerskilt
['nummeschillt]
Auspuff
eksosrør
[ek'suhssröhr]
Kühler
kjøler
['chöhler]
Kotflügel
skjerm
[schärrm]
Achse
aksling
['ackschling]
Bremse
bremse
['bremse]
Stoßdämpfer
støtdemper
['sstöhtdemper]

Benzinkanister	bensinkanne, -a/-en, -er [ben'sihnkanne]
Bremsbelag	bremsebelegg, -et, - ['bremsebellegg]
Bußgeld	bot, -a/-en, bøter [buht]
Defekt	defekt [de'fekt]
Elektrotankstelle	ladepunkt for elbiler [ladepunkt for elbieler]
Erdgastankstelle	gassfyllingsstasjon [gassfüllingstaschion]
Fahrrad	sykkel, -en, sykler ['ssückel]
Fahrspur	kjørefelt, -et, - ['chöhrefellt]
Fehlzündung	feiltenning, -en ['fäiltenning]
Felge	felg, -en, -er [fellg]
Fernlicht	fjernlys, -et, - ['fjährnlühs]
Flickzeug	lappesaker (pl) ['lappessahker]
Führerschein	førerkort, -et, - ['föhrerkorrt]
Fußbremse	fotbremse, -a/-en, -er ['fuhtbremse]
Gang	gir, -et, - [gihr]
Gaspedal	gasspedal en, -er ['gasspeddahl]
gebrochen	brukket ['brucket]
Gepäckträger (Fahrrad)	bagasjebærer, -en, -e [ba'gahschebährer]; (Auto) takgrind ['tahkgrinn]
Getriebe	girkasse, -a/-en, -er ['gihrkasse]
Handbremse	håndbremse, -a/-en, -er ['honnbremse]
Heizung	varme, -en ['warrme]
Helm	styrthjelm, -en, -er ['sstürrtjellm]
Hupe	horn, -et, - [huhrn]
Kabel	kabel, -en, kabler ['kahbel]
Klingel	ringeklokke, -a/-en, -er ['ringeklocke]
Kreuzung	kryss [krüss]
Kühlwasser	kjølevæske, -a/-en, -er ['chöhlewesske]
Kupplung	kløtsj, -en, -er [klöttsch]
Kurve	sving, -en, -er [swing]
Landstraße	landevei, -en, -er ['lannewäi]
Lichtmaschine	dynamo, -en, -er [dü'nahmu]
Motor	motor, -en, -er ['muhtur]
Motorrad	motorsykkel, -en, -sykler ['muhtuschückel]
Motorroller	scooter, -en, -e ['skühter]
Notrufsäule	nødtelefon, -en, -er ['nöhdtelleffuhn]
Oktanzahl	oktantall, -et, - [ok'tahntall]
Öl	olje, -en ['ollje]
Ölwechsel	oljeskift, -et, -er ['olljeschifft]
Panne	uhell, -et, - ['ühhell]
Pannendienst	redningstjeneste, -en, -er ['reddningsstjehnesste]
Papiere	papirer (pl) [pa'pihrer]
Parkhaus	parkeringshus, -et, - [par'kehringshühs]
Parkplatz	parkeringsplass, -en, -er [par'kehringssplass]

Promille	promille, -en, -er [pru'mille]
PS	hestekrefter (pl) ['hesstekreffter]
Radarkontrolle	radarkontroll, -en, -er ['rahdarkunntroll]
Raststätte	rasteplass, -en, -er ['rassteplass]
Reifenpanne	Jeg har punktert [jäi har punk'tert]
Schiebedach	takluke, -a/-en, -er ['tahklühke]
Schraube	skrue, -en, -er ['skrüe]
Schraubenschlüssel	skrunøkkel, -en, -nøkler ['skrühnöckel]
Standlicht	parkeringslys, -et, - [par'kehringslühs]
Starthilfekabel	startkabel, -en, -kabler ['sstarrtkahbel]
Stau	kø, -en, -er [köh]
Straße	gate, -a/-en, -er ['gahte]
Straßenkarte	bilkart, -et, - ['bihlkarrt], veikart, -et, - ['wäikarrt]
Tachometer	fartsmåler, -en, -e ['farrtsmohler]
Tankstelle	bensinstasjon, -en, -er [ben'sihnsstaschuhn]
Tramper	haiker, -en, -e ['haiker]
Umleitung	omkjøring, -en, -er ['ommchöhring]
Ventil	ventil, -en, -er [wen'tihl]
Vergaser	forgasser, -en, -e ['forgasser]
Versicherungskarte, grüne	grønt (forsikrings)kort ['grönnt (foschickrings)'korrt]
Vollkasko	fullkasko, -en, -er ['füllkassku]
Wagenheber	biljekk, -en, -er ['bihljeck]
Wagenwäsche	bilvask, -en, -er ['bihlwassk]
Warnblinker	varsellys, -et, - ['waschelühs]
Warndreieck	varseltrekant, -en, -er ['wascheltrehkannt]
Wegweiser	veiviser, -en, -e ['wäiwihsser]

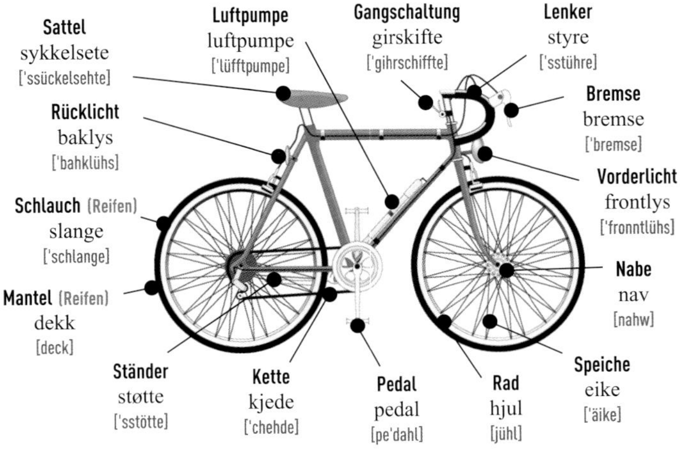

UNTERWEGS

Werkstatt	verksted, -et, -er ['wärrkssteh(d)]
Werkzeug	verktøy, -et ['wärrktöü]
Zündkerze	tennplugg, -en, -er ['tennplügg]
Zündschloss	tenningslås, -en, -er ['tenningslohs]
Zündschlüssel	tenningsnøkkel, -en ['tenningsnöckel]
Zündung	tenning, -en ['tenning]

AUTO-/MOTORRAD-/FAHRRADVERMIETUNG
BIL-/MOTORSYKKEL-/SYKKELUTLEIE [bihl 'muhtuschückel 'ssückelühtläie]

Ich möchte für zwei Tage/eine Woche ... mieten.	Jeg ville gjerne leie … i to dager/en uke. [jäi 'wille 'jährne 'läie ... i tuh 'dahger/ehn 'ühke]
einen (Gelände-)Wagen	en bil (terrengbil) [en bihl (enn ter'rängbihl)]
ein Motorrad	en motorsykkel [en 'muhtuschückel]
einen Roller	en skuter [ehn skühter]
ein Fahrrad	en sykkel [en 'ssückel]
Wie viel kostet es pro Tag/ Woche?	Hva koster det per dag/uke? [wa koster de pähr dahg/ühke]
Wie viel verlangen Sie pro gefahrenen km?	Hva koster det per kilometer? [wa 'kosster de perr 'chihlumehter]
Ist das Fahrzeug vollkaskoversichert?	Er bilen fullt kaskoforsikret? [ähr 'bihlen füllt 'kasskufoschickret]
Ist es möglich, das Fahrzeug in ... abzugeben?	Er det mulig å levere bilen i …? [ähr de 'mühli o le'wehre bihlen i]

... MIT DEM FLUGZEUG

ABFLUG | AVGANG ['ahwgang]

Wo ist der Schalter der ...-Fluggesellschaft?	Hvor er … billettluken til … flyselskapet? [wurr ähr bi'lettlühken till ... 'flühssellskahpe]
Wann fliegt die nächste Maschine nach ...?	Når går neste fly til …? [norr gohr 'nesste flüh till]
Ich möchte einen einfachen Flug/Hin- und Rückflug nach ... buchen.	Jeg vil gjerne ha en enkeltbillett/ tur-returbillett til … takk. [jäi will 'jährne hah enn 'enkeltbillett/ 'tühr-re'tührbillett till ... tack]

Sind noch Plätze frei?	Er det ledige plasser fortsatt? [ähr de 'lehdie 'plasser 'forrtsatt]
Ich möchte diesen Flug stornieren.	Jeg vil gjerne avbestille denne flybilletten. [jäi will 'jährne 'ahwbestille denne 'flühbilletten]
Gibt es für den Flug einen Vorabend-/Telefon-/Internet-Checkin?	Kan man sjekke inn kvelden før/per telefon/via internett? [Kann mann schecke inn kvällen för/pär telefun/wia internett]
Kann ich das als Handgepäck mitnehmen?	Kan jeg ta med det som håndbagasje? [kann jäi tah me 'deh somm 'honnbagahsche]
Hat die Maschine nach ... Verspätung?	Er flyet til … forsinket? [ähr 'flüe till ... fo'schinket]

ANKUNFT | ANKOMST ['annkommsst]

Mein Gepäck ist verloren gegangen.	Bagasjen min er vekk. [ba'gahschen minn ähr 'weck]
Mein Koffer ist beschädigt worden.	Kofferten min er blitt skadet. ['kufferrten minn ähr blitt 'skahdet]

Ankunftszeit	ankomsttid, -en, -er ['annkommsstih]
Anschluss	forbindelse, -en, -er [for'binnelse]
Anschnallgurt	sikkerhetsbelte, -et, -er ['sickerhehtsbellte]
an Bord	om bord [omm 'buhr]
Bordkarte	boarding card ['bohrding kahrd]
Buchung	bestilling, -en, -er [be'sstilling]
Direktflug	direkte forbindelse, -en, -er [di'rekte for'binnelse]
einchecken	sjekke inn, -et, -et/-a, -a [schecke 'inn]
Fenstersitz	vindusplass, -en, -er ['winndüssplass]
Flug	flyreise, -a/-en, -er ['flühräisse]
Fluggesellschaft	flyselskap, -et, - ['flühssellskahp]
Flughafenbus	flyplassbuss, -en, -er ['flühplassbüss]
Flughafengebühr	flyplassavgift, -a/-en, -er ['flühplassawjifft]
Flugplan	flyrutetabell, -en, -er ['flührühtetabell]
Flugstrecke	flyrute, -a/-en, -er ['flührühte]
Flugzeug	fly, -et, - [flüh]
Gepäck	bagasje, -en [ba'gahsche]
Gepäckausgabe	bagasjeutlevering, -en [ba'gahscheühtlewehring]
Handgepäck	håndbagasje, -en ['honnbagahsche]
Kapitän	kaptein, -en, -er [kap'täin]
Landung	landing, -en, -er ['lanning]
Notausgang	nødutgang, -en, -er ['nöhdühtgang]

Notlandung	nødlanding, -en, -er ['nöhdlanning]
Notrutsche	nødsklie, -a/-en, -er ['nöhdsklie]
Pilot/in	pilot, -en, -er [pi'luht]
planmäßiger Abflug	avgang etter rutetabellen ['ahwgang etter 'rühtetabellen]
Rollfeld	rullebane, -a/-en, -er ['rüllebahne]
Schalter	luke, -a/-en, -er ['lühke]
Schwimmweste	redningsvest, -en, -er ['reddningswest]
Sicherheitskontrolle	sikkerhetskontroll, -en, -er ['sickerhehtskunntroll]
Steward/ess	steward, -en, -er ['sstjüert]/ flyvertinne, -en/-a, -er ['flühwärrtinne]
stornieren	avbestille, -te, -t ['ahwbesstille]
umbuchen	ombestille, -te, -t ['ommbesstille]
Verspätung	forsinkelse, -en, -er [fo'schinkelse]
zollfreier Laden	taxfree shop ['täxfrih schopp]
Zwischenlandung	mellomlanding, -en/-a, -er ['mellomlanning]

... MIT DEM ZUG

AM BAHNHOF | PÅ JERNBANESTASJONEN [po 'järnbahnesstaschuhnen]

Wann fährt der nächste Zug nach ...?	Når går neste tog til …? [norr gohr nesste 'tohg till]
Eine einfache Fahrt 2. Klasse/ 1. Klasse nach ..., bitte.	En enkeltbillett 2. klasse/1. klasse til … takk. [en 'enkeltbillett 'anndre klasse/'föschte klasse till ... tack]
Zweimal ... hin und zurück, bitte.	To tur-retur … takk. [tuh tührre'tühr ... tack]
Gibt es eine Ermäßigung für Kinder/Studenten?	Er det rabatt for barn/studenter? [ähr de ra'batt for bahrn/sstü'dennter]
Bitte eine Platzkarte für den Zug um ... Uhr nach ...	En plassbillett på toget til … klokka … takk. [en 'plassbillett po 'tohge till ... klocka ... tack]
Ich möchte diesen Koffer als Reisegepäck aufgeben.	Kan jeg få sende denne kofferten som reisegods? [kann jäi sände 'dänne 'kuffärten somm räiseguts]
Hat der Zug aus ... Verspätung?	Er toget fra … forsinket? [ähr 'tohge fra ... fo'schinket]
(Wo) Muss ich umsteigen?	(Hvor) Må jeg bytte (tog)? [(wurr) mo jäi 'bütte ('tohg)]
Habe ich in ... Anschluss an die Fähre?	Korresponderer det med ferja i …? [kuresspun'dehrer de me 'färrja i]
Von welchem Gleis fährt der Zug nach ... ab?	Hvilket spor går toget til … fra? [willket 'sspuhr gohr 'tohge till ... frah]
Kann ich ein Fahrrad mitnehmen?	Kan jeg ta med en sykkel? [kann jäi ta me ehn sückel]

IM ZUG | PÅ TOGET [po 'tohge]

Verzeihung, ist dieser Platz noch frei?	Unnskyld, er denne plassen ledig? ['ünnschüll ähr denne 'plassen 'lehdi]
Hält dieser Zug in ...?	Stoppper dette toget i …? ['sstopper 'dette 'tohge i]
Abfahrt	avgang, -en, -er ['ahwgang]
Abfahrtszeit	avgangstid, -en/-a, -er ['ahwgangsstih]
Abteil	kupe, -en, -er [kü'peh]
ankommen	(an)komme, (an)kom, (an)kommet [('ann)komme]
Anschlusszug	korresponderende tog [korrespon'dehrende tohg]
Aufenthalt	opphold, -et, - ['oppholl]
aussteigen	stige av, steg av, steget av [sstihge 'ahw]
Autoreisezug	biltog, -et, - ['bihltohg]
Bahnhof	jernbanestasjon, -en, -er ['järnbahnesstaschuhn]
Bahnhofsrestaurant	jernbanerestaurant, -en, -er ['jährnbahneresstäürang]
besetzt	opptatt ['opptatt]
einsteigen	stige på, steg, steget [sstihge 'poh]
Ermäßigung	rabatt, -en, -er [ra'batt]
Fahrkarte	billett, -en, -er [bil'lett]
Fahrkartenschalter	billettluke, -a/-en, -er [bil'lettlühke]
Fahrplan	ruteplan, -en, -er [rühteplahn]
Fahrpreis	billettpris, -en, -er [bil'lettprihs]
Fensterplatz	vindusplass, -en, -er [winndühssplass]
frei	ledig ['lehdi]
Gepäck	bagasje, -en [ba'gasche]
Gepäckaufbewahrung	bagasjeoppbevaring, -en [ba'gahscheoppbewahring]
Gepäckschein	reisegodskvittering, -en/-a, -er ['räisseguddskwittehring]
Gleis	spor, -et, - [sspuhr]
Hauptbahnhof	sentralstasjon, -en, -er [sänn'trahlstaschion]
Kinderfahrkarte	barnebillett, -en, -er ['bahrnebillett]
Nichtraucherabteil	kupé for ikke-røkere [kü'peh for 'ickeröhkere]
Notbremse	nødbremse, -a/-en, -er ['nöhdbremse]
Raucherabteil	røkekupé, -en, -er ['röhkekü'peh]
Reservierung	reservering, -en, -er [resser'wehring]
Rückfahrkarte	returbillett, -en, -er [re'tührbillett]
Schlafwagen	sovekupé ['sohweküpee]
Schließfach	oppbevaringsboks ['oppbewaringsbox]
Sitzplatzreservierung	plassreservering ['plassresärwäring]
Speisewagen	restaurantvogn, -a/-en, -er [resstäür'rangwongn]
Stromanschluss	strømtilkopling ['strømtilkobling]
Toilette	toalett, -et, -er [tua'lett]
Wartehalle	venterom, -met, - ['wennterumm]
Zug	jernbane, -en/a, -er ['jährnbahne]

> www.marcopolo.de/norwegisch

Zugfähre	jernbaneferje, -a/-en, -er ['jährnbahnefärrje]
Zuschlag	tillegg, -et, - ['tillegg]

... MIT DEM SCHIFF

IM HAFEN | I HAVNA [i 'hawwna]

Wann fährt ...	Når går ... ['norr gohr]
das nächste Schiff ...	neste båt ... ['nesste boht]
die nächste Fähre ...	neste ferje ... ['nesste 'färrje]
nach ... ab?	til ...? [till]
Wie lange dauert die Überfahrt?	Hvor lang tid tar overfarten? [wurr lang tih tahr 'ohwerfarrten]
Ich möchte eine Schiffskarte nach ...	Kan jeg få en (båt)billett til ...? [kann jäi foh en (boht) bil'lett till]
Ich möchte eine Karte für die Rundfahrt um ... Uhr.	Kan jeg få en billett til rundturen klokka ...? [kann jäi 'foh en bil'lett till 'rünntühren klocka]
Wann legen wir in ... an?	Når legger vi til i ...? [norr legger wi 'till i]

AN BORD | OM BORD [omm 'buhr]

Wo ist der Speisesaal/der Aufenthaltsraum?	Hvor er restauranten/salongen? [wurr ähr resstäü'rangen/sa'longen]
Ich fühle mich nicht wohl.	Jeg føler meg dårlig. [jäi föhler mäi 'dohrli]
Geben Sie mir bitte ein Mittel gegen Seekrankheit.	Kan du gi meg et middel mot sjøsjuke? [kann dü 'jih mäi ett 'middel muht 'schöhschühke]

Anlegeplatz	kaiplass, -en, -er ['kaiplass]
an Bord	om bord [omm 'buhr]
Autofähre	bilferje, -a/-en, -er ['bihlfärrje]
Dampfer	dampskip, -et, - ['dampschihp]
Deck	dekk, -et, - [deck]
Eisenbahnfähre	jernbaneferje, -a/-en,-er ['jährnbahnefärrje]
Fahrkarte	billett, -en, -er [bil'lett]
Hafen	havn, -a/-en, -er [hawwn]
Kabine	lugar, -en, -er [lü'gahr]
Kapitän	kaptein, -en, -er [kap'täin]
Küste	kyst, -en, -er [chüsst]
Landausflug	utflukt, -en, -er ['ütflückt]
Luftkissenboot	luftputebåt, -en, -er ['lüfftpühteboht]
Motorboot	motorbåt, -en, -er ['muhturboht]

Rettungsboot	redningsbåt, -en, -er ['reddningsboht]
Rettungsring	livbøye, -a/-en, -er ['lihwböüe]
Ruderboot	robåt, -en, -er ['ruhboht]
Schwimmweste	redningsvest, -en, -er ['reddningswest]
Seegang	sjøgang, -en ['schöhgang]
seekrank	sjøsjuk ['schöhschühk]
Steward	steward, -en, -er ['sstjüert]/stuert, -en, -er ['sstüert]

NAHVERKEHR

BUS/U-BAHN | BUSS [büss]/T-BANE ['tehbahne]

Bitte, wo ist die nächste ...-Haltestelle?	Unnskyld, hvor er det nærmeste … -stoppestedet? ['ünnschüll wurr ähr de 'närrmesste ... 'sstoppesstehde]
Bus	buss, -en, -er [büss]
Straßenbahn	trikk, -en, -er [trick]
U-Bahnstation?	T-bane ['tehbahne]
Welche Linie fährt nach ...?	Hvilken linje går til …? [willken 'linnje gohr till]
Wann fährt der Bus ab?	Når går bussen? [norr 'gohr 'büssen]
Wo fährt der Bus ab?	Hvor går bussen fra? [wurr 'gohr 'büssen frah]
Wo muss ich aussteigen/umsteigen?	Hvor må jeg gå av/bytte? [wurr mo jäi goh 'ahw/'bütte]
Können Sie mir bitte Bescheid geben, wenn ich aussteigen muss?	Kan du gi meg beskjed når jeg må gå av? [kann dü jie mäi besche norjäi mo goh ahw]
Wo kann ich den Fahrschein kaufen?	Hvor kan jeg kjøpe billett? [wurr kann jäi chöhpe bil'lett]
Bitte, einen Fahrschein nach ...	En billett til …, takk. [en bil'lett till ... tack]
Kann ich ein Fahrrad mitnehmen?	Kan jeg ta med en sykkel? [kann jäi ta me ehn sückel]

Abfahrt	avgang, -en, -er ['ahwgang]
aussteigen	gå av, gikk av, gått av [go 'ahw]
Bus	buss, -en, -er [büss]
einsteigen	gå på, gikk, gått [go 'poh]
Endstation	endestasjon, -en, -er ['endesstaschuhn]
Fahrer/in	sjåfør, -en, -er [scho'föhr]
Fahrkartenautomat	billettautomat, -en, -er [bil'lettäütumaht]
Fahrpreis	billettpris, -en, -er [bil'lettprihs]
Fahrschein	billett, -en, -er [bil'lett]

UNTERWEGS

Haltestelle	stoppested, -et, -er ['sstoppessteh(d)], holdeplass, -en, -er ['holleplass]
Kontrolleur	kontrollør, -en, -er [kunntrul'löhr]
lösen (Fahrschein)	kjøpe, -te, -t ['chöhpe]
Schaffner	konduktør, -en, -er [konndück'töhr]
Straße	gate, -a/-en, -er ['gahte]
Straßenbahn	trikk, -en, -er [trick]
Tageskarte	dagskort, -et, - [dahgskurt]
U-Bahn	T-bane, -a/-en, -er ['tehbahne]
Wochenkarte	ukekort, -et, - [ückekurt]

TAXI | DROSJE ['drosche]

Könnten Sie mir bitte ein Taxi rufen?	Kan du ringe etter en drosje til meg? [kann dü 'ringe 'ätter ehn 'drosche till mäi]
Wo ist der nächste Taxistand?	Hvor ligger nærmeste drosjeholdeplass? [wurr 'ligger 'närrmesste 'droschehollldeplass]
Zum Bahnhof.	Til jernbanestasjonen. [till 'järnbahnesstaschuhnen]
Zum ...-Hotel.	Til hotell … [till hu'tell]
In die ...-Straße.	Til …-gate/-vei. [till ... 'gahte/wäi]
Nach ..., bitte.	Til … takk. [till ... tack]
Wie viel kostet es nach ...?	Hvor mye koster det til …? [wurr 'müe 'kosster de till]
Das ist zu viel.	Det er for mye [deh ähr for müe]
Halten Sie bitte hier.	Kan du stoppe her? [kann dü 'sstoppe 'hähr]
Das ist für Sie.	Det er til deg. [de ähr till 'däi]
Könnten Sie mir bitte eine Quittung ausstellen?	Kan jeg få en kvittering? [kann jäi foh ehn kvit'tehring]

Fahrpreis	billettpris, -en, -er [bil'lettprihs]
Taxifahrer/in	drosjesjåfør, -en, -er ['droscheschoföhr]
Taxistand	drosjeholdeplass, -en, -er ['droschehollldeplass]
Trinkgeld	drikkepenger (pl) ['drickepenger]

MITFAHREN

Fahren Sie nach ...?	Skal du til …? [skal dü til]
Könnte ich ein Stück mitfahren?	Kan jeg sitte på et stykke? [kann jäi 'sitte po ett 'stücke]
Ich würde gerne hier aussteigen.	Jeg vil gjerne gå av her? [Jäi will 'järne go aw här]
Vielen Dank fürs Mitnehmen.	Takk for skyssen? [tack for 'schüssn]

> KULINARISCHE ABENTEUER

Mit Spaß bestellen und mit Genuss essen – denn für Sie ist die Speisekarte in Landessprache kein Buch mit sieben Siegeln.

ESSEN GEHEN | GÅ UT OG SPISE [Go üt og 'spiese]

Wo gibt es hier ...	Hvor er det … [wurr ähr de]
ein gutes Restaurant?	en god restaurant? [en guh resstäü'rang]
ein typisches Restaurant?	en typisk restaurant? [ehn tüpisk resstäü'rang]
Reservieren Sie uns bitte für heute Abend einen Tisch für 4 Personen.	Kan du reservere et bord for fire personer for i kveld? [kann dü resser'wehre ett buhr for 'fihre pe'schuhner for i 'kwell]
Ist dieser Tisch/Platz noch frei?	Er dette bordet/denne plassen ledig? [ähr 'dette 'buhre/'denne 'plassen 'lehdi]

ESSEN UND TRINKEN

Einen Tisch für zwei/drei Personen, bitte.	Et bord for 2/3 personer takk. [ätt buhr for tu/trä pe'schuhner tack]
Wo sind bitte die Toiletten?	Hvor er toalettene? [wurr ähr tua'lettene]
Guten Appetit!	God appetitt! [guh appe'titt], Håper det smaker! ['hohper de 'smahker]
Prost!	Skål! [skohl]
Das Essen war ausgezeichnet!	Maten var utmerket. ['mahten wahr 'ühtmerrket]
Ich bin satt, danke.	Takk, jeg er mett. [Tack, jäi ähr mätt]

BESTELLUNG | BESTILLING [be'sstilling]

Herr Ober/Bedienung, ...	Kelner, kan jeg få ... ['kellner kann jäi foh]
die Speisekarte, bitte.	spisekartet? ['sspihssekarrte]
die Getränkekarte, bitte.	drikkekartet? [drickekarte]
die Weinkarte, bitte.	vinkartet? ['wihnkarrte]
Haben Sie vegetarische Gerichte/Diätkost?	Har dere vegetarkost? [hahr dähre wege'tahrkost]
Was können Sie mir empfehlen?	Hva anbefaler du? [wa 'annbeffahler dü]
Was nehmen Sie als ...	Hva skal det være til ... [wa skall de währe till]
Vorspeise?	forrett? ['forrett]
Hauptgericht?	hovedrett? ['huhwedrettt]
Nachtisch?	dessert? [des'sähr]
Ich nehme ...	Jeg tar ... [jäi tahr]
Wir haben leider kein/e ... (mehr).	Dessverre er det slutt på ... [dess'wärre ähr de 'schlütt po]
Was wollen Sie trinken?	Hva vil du ha å drikke? [wah will dü 'hah o 'dricke]
Bitte ein Glas ...	Et glass ... takk. [ett glass ... tack]
Bitte eine (halbe) Flasche ...	En (halv)flaske ... takk. [en (hall) 'flasske ... tack]
Bitte bringen Sie uns ...	Vi vil gjerne ha ... [wi will 'jährne hah]

REKLAMATION | REKLAMASJON/KLAGE [recklama'schuhn/'klahge]

Das Essen ist kalt/versalzen.	Maten er kald/for salt. ['mahten ähr kall/for sallt]
Das Fleisch ist nicht durch.	Kjøttet er ikke gjennomstekt. ['chötte ähr icke 'jännomstekt]
Der Fisch ist nicht frisch.	Fisken er ikke fersk. ['fisken ähr ikke färschk]
Haben Sie mein/e ... vergessen?	Har du glemt ... mi/min/mitt/mine? [hahr dü 'glemmt ... mih/minn/mitt/mihne]
Das habe ich nicht bestellt.	Det har jeg ikke bestilt. ['deh hahr jäi icke be'sstillt]
Holen Sie bitte den Chef.	Kan du hente hovmesteren? [kann dü 'hennte 'huhwmessteren]

BEZAHLEN | BETALING [be'tahling]

Bezahlen, bitte	Kan jeg/vi få betale? [kann jäi/wih fo be'tahle]
Bitte alles zusammen.	Alt på samme regning, takk. [allt po 'samme 'räining tack]
Könnten Sie mir bitte eine Quittung ausstellen?	Kan jeg få en kvittering? [kann jäi foh ehn kvit'tehring]
Getrennte Rechnungen, bitte.	Vi betaler hver for oss, takk. [wi be'tahler währ for 'oss tack]
Das ist für Sie.	Det er til deg. ['de ähr till 'däi]

> *www.marcopolo.de/norwegisch*

ESSEN UND TRINKEN

Es stimmt so.	Det er greit. [de ähr 'gräit]
Das Essen war ausgezeichnet!	Maten var utmerket. ['mahten wahr 'ühtmerrket]
Vielen Dank für die Einladung.	Takk for invitasjonen. [tack for inwita'schuhnen]

Abendessen	middag ['middag]
Besteck	bestikk, -et [be'sstick]
Bestellung	bestilling, -en, -er [be'sstilling]
Diabetiker/in	diabetiker, -en, -e [dia'behtiker]
Essig	eddik, -en ['eddick]

WIE DIE EINHEIMISCHEN

Insider Tipps

Für den kleinen und großen Appetit

bar [bahr] – Lokal, in dem man allerlei Getränke bekommt
kafé [ka'feh] – Café, in dem man aber (meist) auch gut essen kann
kafeteria [kafe'tehria] – Cafeteria, Selbstbedienungsrestaurant
konditori [konditu'rih] – entspricht dem deutschen Café
restaurant [restäu'rang] – Restaurant
snackbar ['snäckbahr]/**gatekjøkken** ['gahtechöcken] – Schnellimbiss

Raucher müssen draußen bleiben

Raucher gibt es in Norwegen zwar auch, aber weder in öffentlichen Gebäuden, Restaurants, Kneipen oder auf Fähren ist das Rauchen erlaubt. Bei Privatbesuchen empfiehlt es sich, gar nicht erst zu fragen, sondern sich lieber für ein paar Minuten nach draußen zu verabschieden. Denn dort trifft man selbst im tiefsten Winter die Leidensgenossen. Mittlerweile haben die meisten Gaststätten Sitzplätze unter freiem Himmel – mit Heizlampen und Wolldecken als kleinem Trost.

Danke fürs Essen

In der Familie und bei privaten Einladungen sagt man nach der Mahlzeit *Takk for maten* [tack for mahten] („Danke fürs Essen."). Die Antwort lautet *Vel bekomme* [wäll bekomme] („Wohl bekomm's.").

„Middag" gibts abends

Lunsj [lönnsch], das Mittagessen, besteht aus Brot, Kaffee, Tee etc. In Hotels wird diese Mahlzeit öfters als *koldtbord* ['kolltbuhr] (kaltes Büffet) serviert. *Middag* ['middag] stellt die Hauptmahlzeit des Tages dar: mit Vorspeise, warmem Hauptgericht und Nachtisch. Diese Mahlzeit wird meist am frühen Abend eingenommen.
Kveldsmat ['kwellsmaht] ist das Abendessen der Norweger (mit belegten Broten und Milch), die noch so gegen 20 Uhr Hunger haben.

fettarm	lavfett [lawfett]
frisch	fersk [feschk], frisk [frissk]
Frühstück	frokost, -en, -er ['fruhkosst] > S. 48
gebraten	stekt [sstehkt]
gedünstet	dampkokt ['dampkuckt]
geräuchert	røkt [röhkt]
Gericht	rett, -en, -er [rett]
Getränk	drikk, -en, -er [drick] > S. 40, 47, 52
Glas	glass, -et, - [glass]
Gräte	fiskebein, -et, - ['fisskebäin]
Hauptspeise	hovedrett, -en, -er ['huhwedrett] > S. 40, 49 f.
hausgemacht	hjemmelaget ['jemmelahget]
heiß	varm [warrm]
kalorienarm	lavkalori [lawkalori]
kalt	kald [kall]
Kellner/in	kelner, -en, -e ['kellner]
Kinderteller	barneporsjon, -en, -er ['bahrnepuschuhn]
Koch/Köchin	kokk, -en, -er/kokke, -a, -er [kock/'kocke]
kochen	lage mat ['lahge maht]
Mittagessen	lunsj, -en, -er [lönnsch]
Nachtisch	dessert, -en, -er [des'sähr] > S. 40, 51
Ober	(Anrede) kelner, -en, -e ['kellner]
Öl	olje, -en, -er [ollje]
Pfeffer	pepper, -en ['pepper]
Portion	porsjon, -en, -er [pu'schuhn]
Salz	salt, -et [ssallt]
sauer	sur [ssühr]
scharf	skarp [skarrp], sterk [sstärrk]
Senf	sennep, -en ['ssennep]
Serviette	serviett, -en, -er [sserrwi'ett]
Soße	saus, -en, -er [ssäüss]
Spezialität	spesialitet, -en, -er [sspessiali'teht]
Suppe	suppe, -a/-en, -er ['ssüppe] > S. 49
süß	søt [ssöht]
Tagesgericht	dagens rett, -en, -er ['dahgens rett]
Tagesmenü	dagens meny, -en, -er ['dahgens me'nüh]
Trinkgeld	drikkepenger (pl) ['drickepenger]
Vollkorn	fullkorn ['füllkurn]
Vorspeise	forrett, -en, -er ['forrett] > S. 40, 48
Wasser	vann, -et [wann]
Zahnstocher	tannpirker, -en, -e ['tannpirrker]
Zucker	sukker, -et ['ssucker]
(ohne) Zucker	uten sukker ['üten 'suckär]

ESSEN UND TRINKEN

salat
[ssa'laht]

bønne
['bönner]

peperoni
[peppe'roni]

paprika
['pahprieka]

tomater
[to'mater]

agurk
[a'gürk]

blomkål
['blummkohl]

brokkoli
['brokoli]

artisjokker
[arti'schocker]

champignon
[schampin'jong]

aubergin
[obär'gjihn]

selleri
[sälle'ri]

poteter (pl)
[po'tehter]

løk
[lök]

hvitløk
['wihtlöhk]

ingefer
['ingefähr]

avocado
[avo'kado]

gulrøtter
['güllrötter]

kål
[kohl]

purreløk
['pürrelöhk]

asparges
[a'sparges]

linser
['linser]

gresskar
['grässkahr]

squash
[skwosch]

erter
['ärrter]

kikerter
[chick'ährter]

spinat
['spinaht]

mais
[mais]

salvie
[sal'wie]

minte
['minte]

persille
[pär'sille]

rosmarin
[rohsma'rin]

aprikos
[apri'kus]

banan
[ban'ahn]

ananas
['annanass]

mango
[mango]

jordbær
['juhrbähr]

fersken
['färschken]

kiwi
[kiwi]

vindrueer
['drüär]

eple
['äple]

pæreer
['pährer]

blåbær
['blohbähr]

kirsebær
['kirsebähr]

solbær
['suhlbähr]

appelsiner
[appel'siener]

sitron
[si'trohn]

limett
[lie'mett]

papaya
[pa'paia]

vannmelon
['wannmählon]

honningmelon
['honningmelohn]

grapefruit
['gräipfrüht]

granateple
[gra'natäple]

plomme
['plumme]

mirabeller
[miera'bäller]

fiken
['fieken]

litchi
['litschi]

grapefrukt
['gräipfrükt]

kokosnøtt
['kockosnött]

kastanje
[ka'stanje]

peanøtter
['pianötter]

tranebær
['trahnebär]

tørrket frukt
['törket frükt]

nøtteblanding
['nötteblanndinng]

> www.marcopolo.de/norwegisch

ESSEN UND TRINKEN

brød/ristet brød
[bröh/'risstet 'bröh]

rugbrød
['rügbrö]

fullkornbrød
['füllkurnbrö]

bagett
[ba'gett]

bagel
['bägel]

saltkringle
['salltkringle]

croissant
[krua'soh]

knekkebrød
['knäckebrö]

flattbrød
['flattbrö]

rundstykke
['rünnsstücke]

helkornrundstykke
['hehlkurnrünstükke]

pumpernikkel
[pumper'nickel]

vafler
['wafler]

donut
['dunatt]

wienerbrød
['wihnerbrö]

kake
['kahke]

risvaffel
['riswaffel]

musli
['müssli]

kornflakes
['kurnfläx]

yoghurt
['joggert]

smør
[smöhr]

egg
[egg]

ost
[usst]

melk
[mellk]

blåmyggelost
['blohmüggelust]

camembert
[kamamm'bär]

cottage cheese
[kottitsch tchies]

kesam med urter
['kehsam me 'ürter]

babybel
['bäihbibäl]

parmesan
[parme'san]

saueost
['säüäust]

okse
['ukse]

innvoller
['innwoller]

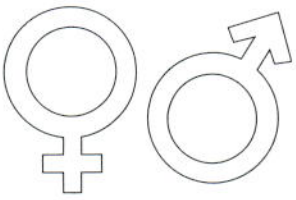

hunkjønn/hankjønn
['hünnchönn/'hannchönn]

kalv
[kalw]

gris
[gries]

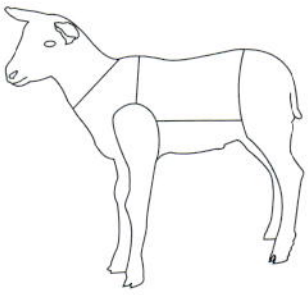

lam
[lamm]

kylling
['chülling]

and
[ann]

kanin
['kanien]

villsvin
['willswien]

hel
[hehl]

i biter
[i 'biter]

kjøttdeig
['chöttdäig]

spyd
[spüd]

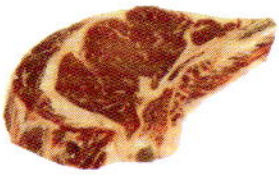

ytrefilet
['ütrefileh]

indrefilet
['indrefileh]

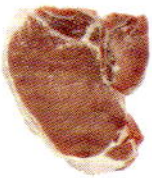

kotelett
[kutelett]

roastbeef
['rostbief]

pølser (pl)
['pöllsser]

pølse
['pöllse]

salami
[salah'mi]

kokt skinke
[kuckt 'schinke]

røkt skinke
[rökt 'schinke]

bacon
['bäiken]

grillkylling
['grillchülling]

kyllinglår
['chüllinglohr]

> www.marcopolo.de/norwegisch

ESSEN UND TRINKEN

havabbor
['hawaborr]

ørret
['örrett]

tunfisk
['tühnfisk]

laks
[lacks]

sardiner
[sar'diener]

reker
['rehker]

reker
['rehker]

hummer
[hummer]

musling
['müsling]

kalamares
[kala'mares]

østers
['öhsters]

kaviar
[kawi'ar]

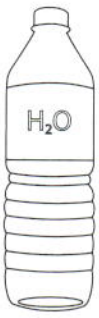

mineralvann
[minä'rahlwann]

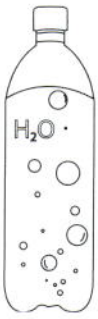

med/uten kullsyre
[meh/üten 'küllsühre]

melk
[mellk]

sojamelk
['sujamälk]

fruktsaft/juice
['früchtsafft/jühs]

cola
['kula]

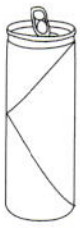
eneergidrikk
[enär'schidrick]

øl
[öll]

te
[teh]

kaffe
['kaffe]

kakao
['kahkau]

isbiter
['isbieter]

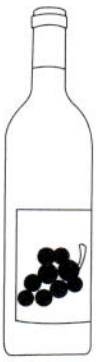
rødvin
['röhwihn]

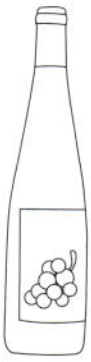
hvitvin
['wihtwihn]

sjampanje
[scham'panje]

cocktail
['kocktäil]

FROKOST ['fruhkost] | FRÜHSTÜCK

Zeigebilder: Seite 44 ff.

Svart kaffe ['swarrt 'kaffe]	schwarzer Kaffee
Kaffe med melk ['kaffe meh 'mellk]	Kaffee mit Milch
Koffeinfri kaffe [koffe'ihnfrih 'kaffe]	koffeinfreier Kaffee
Te med melk/sitron ['teh meh 'mellk/ssi'truhn]	Tee mit Milch/Zitrone
Urtete ['ürrteteh]	Kräutertee
Sjokolade [schuku'lahde]	Schokolade
Fruktsaft/juice ['frücktsafft/jühs]	Fruchtsaft
Et bløtkokt egg [ett 'blöhtkuckt egg]	ein weiches Ei
Eggerøre ['eggeröhre]	Rühreier
Egg og bacon ['egg o 'bäiken]	Eier mit Speck
Brød [bröh]	Brot
Rundstykke ['rünnsstücke]	Brötchen
Ristet brød ['risstet 'bröh]	Toast
Horn ['huhrn]	Hörnchen
Smør [smöhr]	Butter
Ost [usst]	Käse
Pølse ['pöllse]	Wurst
Skinke ['schinke]	Schinken
Honning ['honning]	Honig
Syltetøy ['sülltetöü]	Marmelade
Mysli ['müssli]	Müsli
Noe frukt [nue 'frückt]	etwas Obst

FORRETTER ['forrätter] | VORSPEISEN

Rekecocktail ['rehkekocktäil]	Krabbensalat in Majonäse
Gravlaks ['grahwlacks]	rohgebeizter Lachs
Røykelaks ['röhkelacks]	geräucherter Lachs
Kryddersild ['krüddeschill]	Kräuterhering
Tomatsild [tu'mahtssill]	Tomatenhering
Avocado med lodderogn [awwu'kahdu meh 'lodderongn]	Avocado mit Laich vom Kapilan/ von der Lodde
Speket reinsdyrkjøtt ['sspehket 'räinsdührchött]	Gepökeltes Rentierfleisch
Salater [ssa'lahter]	Salate
Rømmegrøt ['römmegröht]	Milchbrei mit viel Fett (35 %) (auch als Hauptgericht)

SPEISEKARTE

SUPPER ['süpper] | SUPPEN

Ertesuppe ['ärrtessüppe]	Erbsensuppe (mit Schweinefleisch/Speck)
Fersk suppe [feschk 'ssüppe]	Suppe mit gekochtem, frischem Fleisch und Gemüse
Fiskesuppe ['fisskessüppe]	Fischsuppe
Trøndersodd ['trönneschodd]	Fleischbrühe mit Gemüse und Fleischklößchen aus Trøndelag

FISK OG SKALLDYR ['fisk ohg 'skalldür] | FISCH UND MEERESFRÜCHTE

Zeigebilder: Seite 47

Blåskjell ['blohschell]	Miesmuscheln
Brosme [brohsme]	Lumb
Breiflabb [bräiflapp]	Seeteufel
Fiskeboller ['fisskeboller]	Fischklößchen
Fiskepudding ['fisskepüdding]	Fischpudding
Gjedde ['jedde]	Hecht
Havabbor [hawabbohr]	Wolfsbarsch
Hummer [hummer]	Hummer
Kongekrabbe [kongekrabbe]	Königs- oder Kamschatkakrabbe
Kreps [krepps]	Flusskrebs
Kveite ['kwäite]	Heilbutt
Laks [lacks]	Lachs
Lutefisk ['lühtefissk]	Eingeweichter Stockfisch (nur zu Weihnachten)
Makrell [ma'krell]	Makrele
Ørret ['örrett]	Forelle
Reker ['rehker]	Garnelen
Rødspette ['röhsspette]	Scholle
Sei [ssäi]	Köhler, Seelachs
Sik [ssihk]	Renke
Skrei [skräi]	Kabeljau
Spekesild ['sspehkessill]	Eingelegter Hering
Steinbit ['sstäinbiht]	Steinbeißer
Torsk [toschk]	Dorsch
Tørrfisk [törrfissk]	Stockfisch
Ur [ühr]	Rotbarsch

KJØTTRETTER ['chøtträtter] | FLEISCHGERICHTE

Zeigebilder: Seite 46

Reinsdyrsteik ['räinsdühschtäik]	Rentierbraten
Elgsteik ['ellgsstäik]	Elchbraten
Hjortesteik ['jurrtesstäik]	Hirschbraten
Rådyrsteik ['rohdühschtäik]	Rehbraten
Vilt [willt]	Wild
Oksesteik ['uxesstäik]	Rinderbraten
Svinesteik ['sswihnesstäik]	Schweinebraten
Svinekotelett ['sswihnekutelett]	Schweinekotelett
Flesk [flessk]	Schweinefleisch
Lammesteik ['lammesstäik]	Lammbraten
Lammekoteletter ['lammekuteletter]	Lammkotelett
Fårikål ['fohrikohl]	Hammel- und Kohleintopf
Ferskt kjøtt ['feschkt 'chött]	Gekochtes Rinderfleisch mit Gemüse und heller Soße
Kjøttkaker ['chöttkahker]	Frikadellen in brauner Soße
Lapskaus [lappskäus]	Gemüseeintopf mit Fleisch- oder Wursteinlage
Wienerpølse ['wihnerpöllse]	Wiener Würstchen
Kalkun [kal'kühn]	Truthahn
Kylling ['chülling]	Hähnchen
Spekemat ['sspehkemaht]	Kaltes, gepökeltes Dörr- oder Rauchfleisch

GRØNNSAKER ['grönnsahker] | GEMÜSE

Zeigebilder: Seite 43

Agurksalat [a'gürrkssalaht]	Gurkensalat
Blandet salat ['blannet sa'laht]	Gemischter Salat
Erter ['ärrter]	Erbsen
Kål [kohl]	Kohl
Blomkål ['blummkohl]	Blumenkohl
Hodekål ['huhdekohl]	Weißkohl
Rødkål ['röhkohl]	Rotkohl
Kålrabi [kohl'raabi]	Steckrübe
Gulerøtter ['gühlerötter]	Möhren
Potet(mos) [pu'teht(muhss)]	Kartoffel(brei)
Bakte poteter [backte pu'tehter]	gebackene Kartoffeln
Paprika ['pahprieka]	Paprika

SPEISEKARTE

Sopp [sopp]	Pilze
Champignon [schampin'jong]	Champignons
Steinsopp ['sstäinssopp]	Steinpilze
Kantarell [kannta'rell]	Pfifferlinge

KOLDTBORD ['koltbuhr] | KALTES BÜFFET

Rekesmørbrød [rehkesmörrbröh]	Brot mit Krabben und Majonäse
Roastbiff ['rousstbiff]	Brot mit Roastbeef
Karbonade [karrbu'nahde]	Brot mit Frikadelle
Svinesteik (kald) [sswihnesstäik]	Brot mit kaltem Schweinebraten
Patentsmørbrød [pa'tenntsmörrbröh(d)]	Brot mit Spiegelei und Speck
Egg og ansjos [egg o an'schuhs]	Brot mit gekochtem Ei und Anchovis
Ost [usst]	Brot mit Käse unterschiedlicher Art, z. B. dem norwegischen, braunen Ziegenkäse
Fiskekabaret ['fisskekabareh]	Brot mit Fisch und Gemüse in Aspik
Leverpostei med syltede rødbeter ['lehwerpusstäi me 'ssülltede 'röhbehter]	Brot mit Leberpastete und eingemachter roter Beete
Leverpostei med syltede agurker ['lehwerpusstäi me 'ssülltede a'gürrker]	Brot mit Leberpastete und Gewürzgurken

DESSERT [des'sähr] | DESSERT

Is [ihss]	Eis
sjokolade [schuku'lahde]	Schokolade
jordbær ['juhrbähr]	Erdbeere
vanilje osv. [wa'nillje]	Vanille usw.
Karamelllpudding [karramellpüdding]	Karamellpudding
Frommasj [fromahsch]	Süßspeise, Pudding
Moltekrem ['molltekrehm]	Moltebeeren mit Schlagsahne
Riskrem ['rihsskrehm]	Milchreis mit Schlagsahne und roter Soße
Fruktsalat [früktssalaht]	Obstsalat
Jordbær med fløte ['juhrbähr me 'flöhte]	Erdbeeren mit Sahne
Fruktkompott ['früktkompott]	Obstkompott
Rødgrøt med fløte ['röhgröht me 'flöhte]	Rote Grütze mit Sahne
Osteanretning ['ussteannrettning]	Käseplatte

BAKVERK ['bahkwährk] | GEBÄCK UND TORTEN

Zeigebilder: Seite 45

Boller ['boller] — süße Brötchen (mit Rosinen)
Lefse ['lefsse] — weicher, dünner Fladen aus Kartoffeln und Mehl gebacken
Julekake ['jühlekahke] — Rosinenbrot
Bløtkake ['blöhtkahke] — Torte
Vannbakkels ['wannbackels] — Windbeutel
Rullade [rül'lahde] — Biskuitrolle
Småkaker ['smohkahker] — Plätzchen
Wienerbrød ['wihnerbröh] — Plundergebäck
Eplekake ['epplekahke] — Apfelkuchen

ALKOHOLFRITT [alku'hulfritt] | ALKOHOLFREIE GETRÄNKE

Kaffe ['kaffe] — Kaffee
Te [teh] — Tee (schwarz)
  med sitron [me ssi'truhn] — mit Zitrone
Sjokolade [schuku'lahde] — Schokolade
Kakao ['kahkau] — Kakao
Melk [mellk] — Milch
Saft [safft] — Fruchtsaft
Juice [juhs] — Juice
Brus [brühs] — Limonade
Vann [wann] — Wasser
Alkoholfri vin [allku'huhlfrih wihn] — alkoholfreier Wein

ALKOHOLHOLDIG [alku'hulholli] | ALKOHOLISCHE GETRÄNKE

Øl [öll] — Bier
Fatøl ['fahtöll] — Fassbier
Konjakk [konnjack] — Cognac
Whisky [wisskie] — Whisky
Akevitt [ake'witt] — Aquavit
Likør [li'köhr] — Likör
Rom [rumm] — Rum
Vin [wihn] — Wein
Hvitvin ['wihtwihn] — Weißwein
Rødvin ['röhwihn] — Rotwein
Hetvin ['hehtwihn] — Dessertwein

WIE DIE EINHEIMISCHEN

Insider Tipps

Tradisjonell norsk mat

Rømmegrøt [römmegröht] (Brei aus Sauerrahm, Weizenmehl oder Gries und Salz, in Milch gekocht, mit Zucker und Zimt gegessen) gibt es in vielen Restaurants außerhalb der großen Städte. Dort wirbt man auch stolz mit *tradisjonell norsk mat* [tradischu'nell norschk maht] (traditionell norwegische Küche) und meint damit *kjøttkaker* [chöttkaker] (Frikadellen mit brauner Soße), *fårikål* [forikol], also Weißkohl mit Hammelfleisch, oder *kokt Lachs* [kukt laks] – in heißem Wasser gezogener Lachs mit Salzkartoffeln und Gurkensalat. Und zum Nachtisch: *Pannekaker* ['pannekahker] (Pfannkuchen) oder *Vafler* ['wafler] (Waffeln) – mit Marmelade!

Skrei – Nordnorwegens ganzer Stolz

Skrei [skräi] ist arktischer Kabeljau, der im Spätwinter zum Laichen aus der Barentssee an die norwegische Küste kommt. Wer zu dieser Zeit in Nordnorwegen ist, sollte sich nicht scheuen, auch Dorschrogen und -zunge zu bestellen. Ein nahrhafter Genuss für Gourmets!

Vorlieben

Zu Wildgerichten werden bevorzugt kalt gerührte *tyttebær* [`tüttebähr] (Preiselbeeren) serviert. Vanilleeis mit den leicht säuerlichen Beeren ist ein erfrischendes Dessert.

Vergänglichkeit

Für Deutsche mutet es recht komisch an, wenn die Norweger schon in der Vergangenheit sprechen, wenn sie gerade etwas tun, z. B.: *Det **var** god kake!* [deh wahr guh kahke] („Das **war** ein guter Kuchen!"), während sie ein Stück Torte verzehren.

Wasser bitte!

Zum Essen im Restaurant Rotwein zu bestellen, ist eine relativ neue Erscheinung. Viel verbreiteter ist es, um ein Glas oder eine Karaffe Wasser zu bitten (*Jeg tar et glass/en karaffe vann* – „Ich nehme ein Glas/eine Karaffe Wasser") – natürlich aus der Leitung. Viele sind überzeugt, dass das Essen dann viel besser schmeckt.

Fremd und Gut

Die Norweger trinken den meisten schwarzen Kaffee weltweit, doch die mediterrane Kaffeekultur findet auch im Norden Europas immer mehr Freunde. Selbst Hotels haben mittlerweile Espressomaschinen. In den Cafés ist die Begriffsverwirrung allerdings groß; der Unterschied zwischen *Latte Macciato* [latte `mackiatu] und *Kaffe latte* [kaffe latte] verschwimmt auch hier oft.

> ERFOLGREICH SHOPPEN

Mal ist es der schicke Schuh oder das schöne Souvenir, mal die Zahnbürste oder das Vollkornbrot – jetzt sind Sie für alle Eventualitäten gerüstet. Plus: praktische Zeigebilder

IM GESCHÄFT | I BUTIKKEN [i bü'ticken]

Danke, ich sehe mich nur um.	Takk, jeg kikker bare. [tack jäi 'chicker 'bahre]
Wo finde ich ...?	Hvor finner jeg … [wurr 'finner jäi]
Ich möchte ...	Jeg ville gjerne ha … [jäi wille 'jährne 'hah]
Haben Sie/Hast du ...?	Har dere/du …? [hahr dehre/düh]
Nehmen Sie Kreditkarten?	Tar dere kredittkort? [tahr dehre kre'dittkorrt]]
Wie viel kostet es?	Hva koster det? [wa 'kosster de]
Das ist aber teuer!	Det er dyrt! [dä ähr dürt]
Geben Sie einen Rabatt?	Kan du gi litt avslag? [kann dü jih litt 'awslahg]

EIN KAUFEN

Ich zahle höchstens ...	Jeg betaler ikke mer enn [Jäi be'tahler icke mär ähn]
Gut, ich nehme es.	Jeg tar det. [jäi tahr de]
Können Sie mir ein ...-Geschäft empfehlen?	Kan du anbefale meg en … forretning? [kann dü 'annbeffahle mäi en ... for'rettning]

ÖFFNUNGSZEITEN ÅPNINGSTIDER ['opningstider]

offen	åpent ['ohpent]
geschlossen	stengt [sstengt]
Betriebsferien	feriestengt ['fehriesstengt]

GESCHÄFTE | BUTIKKER [bü'ticker]

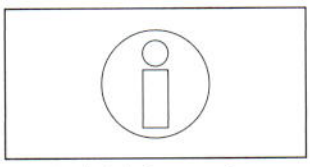

turist informasjon
[tü'rist innfohmaschon]

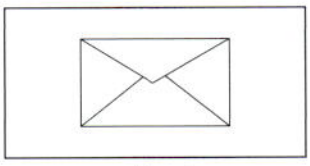

postkontor
['postkuntuhr]

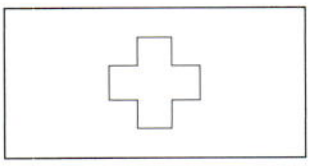

apotek
[apu'tehk]

fargehandel
['farrgehandel]

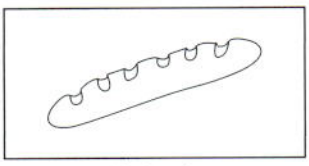

bakeri
[bahke'rih]

grønnsakbutikk
['grönnssahkbütick]

slakter
['schlackter]

naturkostbutikk
[na'tührkostbütick]

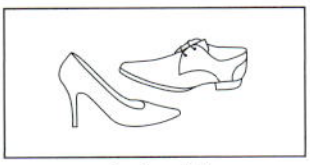

skobutikk
['skuhbütick]

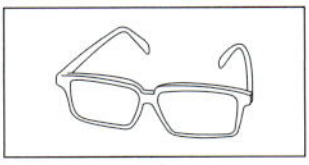

optiker
['opptiker]

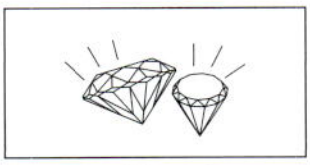

gullsmed
['güllsmeh]

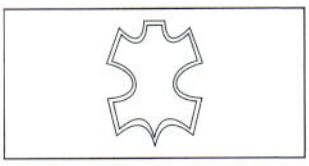

lærvarebutikk
['lährwarebütick]

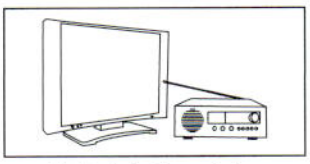

elektrisk forretning
[e'lektrissk fo'rettning]

databutikk
[dahtabütick]

fotoforretning
['fuhtufforrettning]

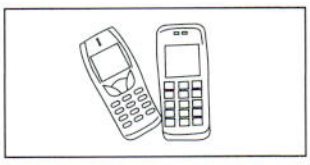

telebutikk
[telebütick]

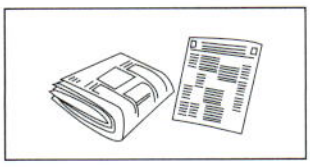

aviskiosk
[ahwiskjosk]

bokhandel
['buhkhandel]

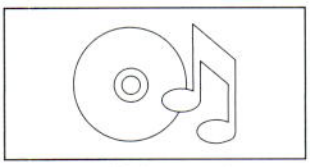

musikkforretning
[müsickforätning]

leketøysforretning
['lehketöüssforrettning]

Vinmonopolet
['wihnmunupuhle]

Vinmonopolet
['wihnmunupuhle]

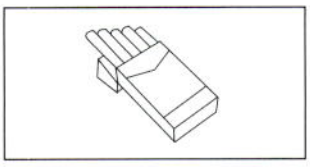

tobakksforretning
['tubacksforrettning]

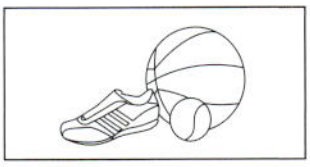

sportsartikler (pl)
['sportartickel]

blomsterbutikk
['blummssterbütick]

frisør
[fris'söhr]

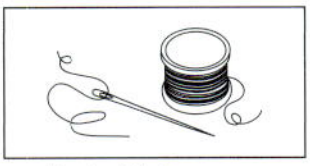

Husholdningsvarer
[hühss'hollningswahrer]

reisebyrå
['räissebüroh]

Einkaufszentrum kjøpesenter, -et, -sentra ['chöhpessänter]
Flohmarkt loppemarked, -et, -er ['loppemarrkedd]
Kaufhaus varehus, -et, - ['wahrehühs]
Markt marked, -et, -er ['marrkedd]
Reiseandenken suvenirer [süwe'nierer]
Supermarkt supermarked, -et, -er ['sühpermarked]

APOTHEKE | APOTEK [apu'tehk]

Arzt: Seite 92 ff.

Wo ist die nächste Apotheke?	Hvor er nærmeste apotek (med nattvakt)? [wurr ähr 'närrmesste apu'tehk (meh 'nattwackt)]
Geben Sie mir bitte etwas gegen ...	Kan du gi meg noe mot …? [kann dü 'jih mäi 'nue muht]
Dieses Mittel ist verschreibungspflichtig.	Denne medisinen er reseptpliktig. [denne medi'sihnen ähr rehseptplikti]
innerlich	innvortes ['innwurrtess]
äußerlich	utvortes ['ühtwurrtess]
vor dem Essen	før maten [föhr 'mahten]
nach dem Essen	etter maten [etter 'mahten]
auf nüchternen Magen	på tom mage [poh tumm mage]
im Mund zergehen lassen	oppløses i munnen [upplöhsses i münnen]

weiter auf Seite 60

WIE DIE EINHEIMISCHEN

Insider Tipps

Tanken, nicht trinken

Seit es Autos gibt, sind Tankstellen in Norwegen beliebte Treffpunkte für junge Leute. Die haben mittlerweile auch ihren kleinen Supermarkt, bei dem es neben Würstchen und Hamburger sogar frisches Brot oder *Kopenhagener* (eine Art Pflaumenkuchen) zu kaufen gibt. Bier, Wein und Hochprozentiges wird man allerdings vergeblich suchen: Der Verkauf alkoholischer Getränke ist bestimmten Läden (*Vinmonopolet*) vorbehalten, und selbst Bier darf im Supermarkt nur bis 20 Uhr verkauft werden.

Alles gut eingepackt

Frischwaren sind in norwegischen Supermärkten schwer zu kriegen. Die größten Ketten setzen auf Eingeschweißtes bei Käse und Wurstwaren, und selbst das Gemüse ist zumeist einzeln in Klarsichtfolie verpackt. Es gibt Ketten mit eigenen und billigeren Labels. Nach dem Motto „Entscheidend ist, was drin ist" lohnt sich also trotz der oftmals bescheidenen Auswahl ein Preisvergleich. Die weniger ansehnlichen Verpackungen bzw. Dosen enthalten zumeist die gleichen Produkte zum niedrigeren Preis.

DROGERIE | FARGEHANDEL ['farrgehandel]

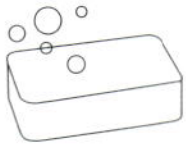
såpe
['ssohpe]

deodorant
[de-udu'rang]

krem
[krehm]

toalettpapir
[tua'lettpapihr]

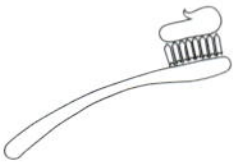
tannbørste
['tannböschte]

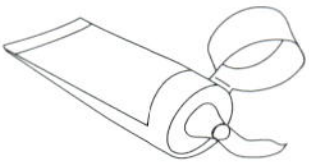
tannpasta
['tannpassta]

tanntråd,- en
['tanntroh]

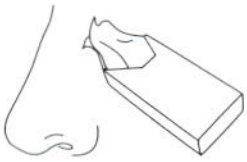
papirlommetørkle
[pa'pihrlummetörklähr]

hårsjampo
['hohrschampo]

hårspray
['hohrspräi]

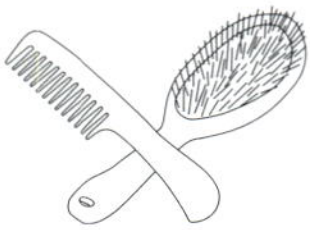
kam/hårbørste
[kamm/'hohrböschte]

speil
[sspäil]

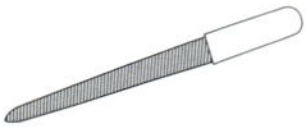
neglefil
['neilefiel]

pinsett
[pin'sett]

neglesaks
['neilesacks]

parfyme
[par'fühme]

tamponger
[tam'ponger]

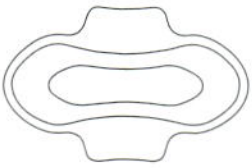
sanitetsbind
[ssani'tehtsbinn]

mascara
[mas'kahra]

leppestift
['leppesstifft]

barberblad
[bar'behrblah]

barbermaskin
[bar'behrmaschihn]

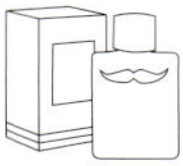
barbervann
[bar'behrwann]

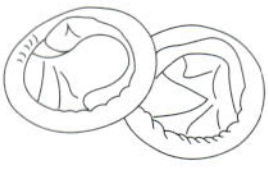
kondom
[kun'duhm]

solkrem
['ssuhlkrehm]

varmeflaske
['warmeflaske]

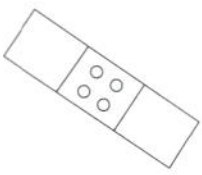
plaster
['plasster]

sov i ro
[sow i ru]

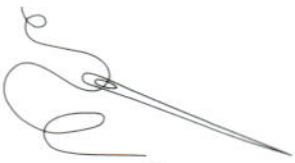
nål
[nohl]

tråd
[tro]

sikkerhetsnål
['ssickerhehtsnohl]

knapp
[knapp]

ELEKTRO/COMPUTER/FOTO
ELEKTRO/DATA/FOTO [e'lektro/'dahta/'futu]

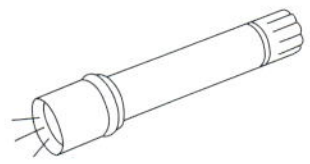
lommelykt
['lummelückt]

lyspære
['lühspähre]

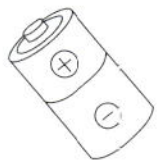
batteri
[batte'rih]

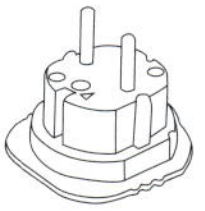
adapter
[a'dappter]

bærbar (PC)
[bährbar (pece)]

lader
[lader]

CD/DVD
['cede/dehweh'deh]

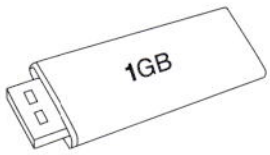

USB-stikk
[üsb-stick]

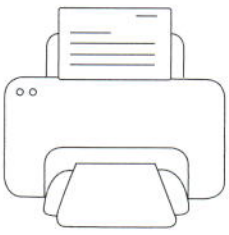
printer
[printer]

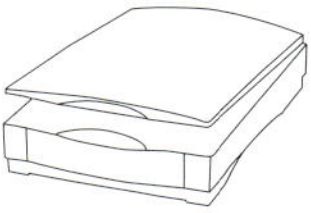
scanner
[skänner]

Mobil
[mo'biel]

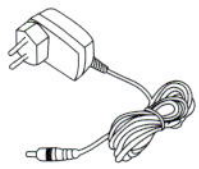
lader
[lader]

fjernsyn
['fjährnsühn]

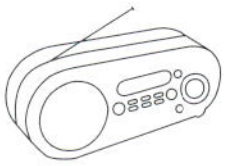
radio
['rahdiu]

MP3-spiller/iPod
[empetre-spiller/eipod]

hodetelefon
['huhdetelleffuhn]

digitalkamera
[digi'tahlkamera]

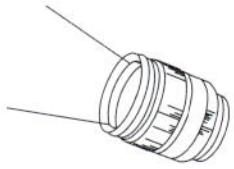
teleobjektiv
['tehle-ubjektihw]

akku
['aküh]

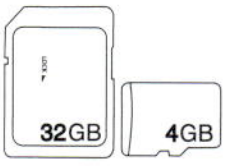

minnekort
[minnekort]

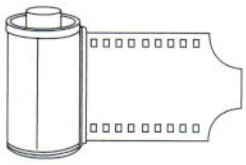
film
[film]

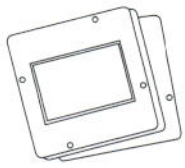
svart-hvitt-film
[swarrt-witt-fillm]

lysbilde
[lühsbilde]

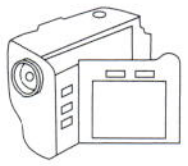
undervannskamera
['ünderwannskamera]

filmkamera
['fillmkahmera]

barbermaskin
[bar'bärmaschin]

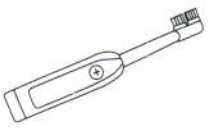
elektrisk tannbørste
[e'läktrisk 'tannbörste]

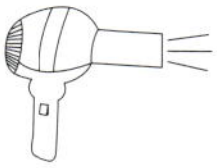
føn
[föhn]

Abführmittel	avføringsmiddel, -et, -midler ['ahwföhringsmiddel]
Antibabypille	p-pille, -a/-en, -er ['pehpille]
Antibiotikum	antibiotikum, -et, -biotika [anntibi'uhtiküm]
Aspirin®	aspirin, -en [asspi'rihn]
Augentropfen	øyendråper (pl) ['öüendrohper]
Beruhigungsmittel	beroligende middel, -et, -midler [be'ruhligende 'middel]
Brandsalbe	brannsalve, -a/-en, -er ['brannssallwe]
Desinfektionsmittel	desinfeksjonsmiddel, -et, -midler [dessinfek'schuhnsmiddel]
Fieberthermometer	febertermometer, -et, - ['fehbertärrmumehter]
Gegengift	motgift, -en, -er ['muhtjifft]
Halstabletten	halstabletter (pl) ['hallsstabletter]
Hustensaft	hostesaft, -a/-en, -er ['husstessafft]
Insektenmittel	insektmiddel, -et, -midler [in'sektmiddel]
Jod(tinktur)	jod, -en [jodd]
Kamillentee	kamillete, -en [ka'milleteh]
Kondom	kondom, -et, -er [kun'duhm]
Kopfschmerztabletten	hodepinetabletter (pl) ['huhdepihnetabletter]
Kreislaufmittel	medisin for blodomløpet [medi'sihn for 'bluomlöhpe]
Medikament	medikament, -et, -er [medika'ment]
Mullbinde	gasbind, -et, - ['gassbinn]
Nebenwirkungen	bivirkninger (pl) ['bihwirrkninger]
Ohrentropfen	øredråper (pl) ['öhredrohper]
Pflaster	plaster, -et, - ['plasster]
Rezept	resept, -en, -er [re'ssept]
Salbe	salve, -a/-en, -er ['ssallwe]
Schmerztabletten	smertestillende tabletter (pl) ['ssmärrtesstillende ta'bletter]
Sonnenbrand	solbrenthet, -en ['ssuhlbrentheht]
Tablette	tablett, -en, -er [ta'blett]
Traubenzucker	druesukker, -et ['drüesucker]
Tropfen	dråpe, -en, -er ['drohpe]
Zäpfchen	stikkpille, -a/-en, -er ['sstickpille]

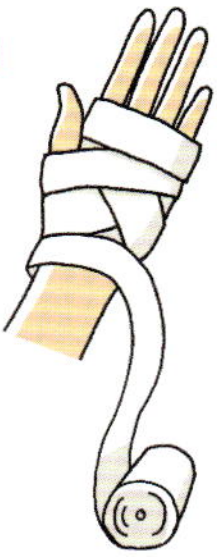

FRISEUR | FRISØR [fris'söhr]

Kann ich mich für morgen anmelden?	Kan jeg få en time i morgen? [kann jäi foh en 'tihme i 'moern]
Schneiden mit/ ohne Waschen, bitte.	Klipp med/uten vask, takk. [klipp meh/'ühten wassk tack]
Nicht zu kurz/Ganz kurz/ Etwas kürzer, bitte.	Ikke for kort/Helt kort/Noe kortere, takk. [icke for 'korrt/'hehlt 'korrt/nue 'korrtere tack]
Rasieren, bitte.	Barbering, takk. [bar'behring tack]

Stutzen Sie mir bitte den Bart.	Kan du stusse skjegget mitt? ['kann dü 'sstüsse 'schegge mitt]
Vielen Dank. So ist es gut.	Mange takk, det er bra så. ['mange tack de ähr 'brah soh]

Augenbrauen zupfen	nipping [nipping]
Bart	skjegg, -et [schegg]
färben	farge, -et, -et ['farrge]
föhnen	føne, -et, -et [föhne]
frisieren	frisere, -te, -t [fris'sehre]
Frisur	frisyre, -en, -er [fri'ssühre]
glätten	glatte ut ['glatte üt]
Haar	hår, -et [hohr]
Haarschnitt	hårklipp, -en ['hohrklipp]
kämmen	kjemme, -te, -t ['chemme]
Locken	krøller (pl) ['kröller]
Pony	pannelugg, -en, -er ['pannelügg], ponny, -en, -er ['ponny]
Scheitel	skill, -en, -er [schill]
Schnurrbart	bart, -en, -er [bart]
Schuppen	flass, -et [flass]
Shampoo	sjampo, -en, -er ['schampu]
Spitzen schneiden	stussing [stüssing]
Strähne	striper [strieper]
Stufen	gradering [gradering]
tönen	tone, -et, -et/-a, -a ['tuhne]

OPTIKER | OPTIKER ['opptiker]

Würden Sie mir bitte diese Brille reparieren?	Kunne du være så vennlig å reparere disse brillene for meg? [künne dü 'währe so 'wennli o repa'rehre disse 'brillene for mäi]
Ich bin kurzsichtig/ weitsichtig.	Jeg er nærsynt/langsynt. [jäi ähr 'nähschühnt/'langsühnt]
Wie ist Ihre Sehstärke?	Hvor sterke er brillene dine? [wu 'schtärrke ähr 'brillene dihne]
rechts plus/minus ..., links ...	Plus/minus … på det høyre øyet, på det venstre plus/minus … [plüss/'mihnüss ... po de 'höüre öüe po de 'wennsstre plüss/'mihnüss]
Wann kann ich die Brille abholen?	Når kan jeg hente brillene? [norr kann jäi 'hennte 'brillene]
Ich brauche ...	Jeg trenger … [jäi 'trenger]
Aufbewahrungslösung	oppbevaringsvæske ['oppbewahringswässke]
Reinigungslösung	rensevæske ['rennssewässke]

für harte/weiche Kontaktlinsen.	for harde/myke kontaktlinser. [for 'hahre/'mühke kon'tacktlinnsser]
Ich suche ...	Jeg kikker ... [jäi 'chicker]
eine Sonnenbrille.	etter solbriller. [etter 'sullbriller]
ein Fernglas.	en kikkert. [en 'chickert]

KLEIDUNG | PÅKLEDNING ['pohklehdning]

Können Sie mir ... zeigen?	Kan du vise meg ...? [kann dü 'wihsse mäi]
Kann ich es anprobieren?	Kan jeg prøve det? [kann jäi 'pröhwe de]
Welche (Konfektions-)Größe haben Sie?	Hvilken størrelse bruker du? [willken 'sstörrelse brühker dü]
Das ist mir zu ...	Det er for ... (for meg). [deh ähr for ... for mäi]
eng/weit.	trangt/stort [trangt/sstuhrt]
kurz/lang.	kort/langt [korrt/langt]
klein/groß.	lite/stort ['lihte/sstuhrt]
Das passt gut. Ich nehme es.	Det passer bra. Jeg tar det. [deh 'passer brah jäi 'tahr de]
Das ist nicht ganz, was ich möchte.	Det er ikke helt hva jeg ville ha. [deh ähr icke 'hehlt wah jäi wille 'hah]
Danke, ich denke nochmals darüber nach.	Takk, jeg skal tenke litt på det. [Jäi skal 'tänke litt po däh]

LEBENSMITTEL | DAGLIGVARER ['dahgliwahrer]

> **Eine ausführliche Übersicht von Lebensmitteln und Gerichten finden Sie im Kapitel ESSEN UND TRINKEN auf Seite 43 ff.**

Geben Sie mir bitte ...	Kan jeg få ... ? [kann jäi foh]
ein Kilo ...	et kilo ... [ett 'chihlu]
ein Stück von ...	et stykke av ... [ett 'sstücke ahw]
eine Packung ...	ei pakke ... [äi 'packe]
ein Glas ...	et glass ... [ett glass]
eine Dose ...	en boks ... [en box]
eine Flasche ...	ei flaske ... [äi flasske]
eine Einkaufstüte.	en bærepose. [en 'bährepuhsse]
Danke, das ist alles.	Takk, det var alt. [tack 'deh wahr allt]

Backwaren	bakevarer ['bahkewarer] > S. 45, 48
Biokost	ökologisk mat [öhkologisk maht]
Brot	brød, -et, - [bröh] > S. 45, 48
Butter	smør, -et [ssmöhr] > S. 45, 48

EINKAUFEN

t-skjorte
['tehschurte]

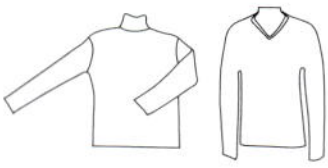

genser
['gennsser]

hettegenser
['hettegennsser]

jakke
['jacke]

bukse
['buxe]

shorts
[schorts]

skjørt
[schörrt]

belte
['bellte]

bluse, -en, -er
['blühsse]

skjorte
['schurrte]

jakke
['jacke]

strikkejakke
['sstrickejacke]

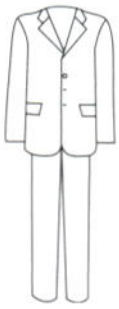

dress
[dress]

kjole
['chuhle]

drakt
[drackt]

kappe/kåpe
['kappe/['kohpe]

strømpebukse
['sströmpebuxe]

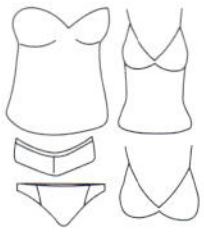

undertøy
['ünn(d)ertöü]

badekåpe
['bahdekohpe]

sokk/strømper
['sock/'sströmper]

badebukse
['bahdebuxe]

badedrakt
['bahdedrackt]

bikini
[bi'kihni]

lue
['lüe]

hatt
[hatt]

hanske
['hannsker]

skjerf
[scherrf]

Eier	egg, -et, - [egg] > S. 45, 48
Eis	is, -en [ihss] > S. 51
Essig	eddik, -en ['eddick]
Fisch	fisk, -en, -er [fissk] > S. 47, 49
Fleisch	kjøtt, -et [chött] > S. 46, 50
frisch	fersk [fäschk]
Gemüse	grønnsak, -en, -er ['grönnssahk] > S. 43, 50
Getränke	drikke ['dricke] > S. 47, 52
Kaffee	kaffe, -en ['kaffe] > S. 48, 52
Käse	ost, -en, -er [usst] > S. 45, 51
Konserven	hermetikk, -en [herrme'tick]
Limonade	limonade, -en [limu'nahde] > S. 52
Margarine	margarin, -en [marrga'rihn]
Marmelade	syltetøy, -et ['süılltetöü] > S. 48
Mayonnaise	majones, -en [maju'nehs]
Mehl	mel/mjøl, -et [mehl/mjöhl]
Milch	melk, -a/-en/mjølk, -a [mellk/mjöllk] > S. 45, 52
Milchprodukte	melkeprodukter ['mälkeprodükter] > S. 45
Mineralwasser	mineralvann, -et [mine'rahlwann] > S. 47
Nudeln	nudler (pl) ['nüddler]
Nüsse	nøtt, -a/-en, -er ['nött] > S. 44
Obst	frukt, -a/-en, -er [frückt] > S. 44
Öl	olje, -en ['ollje]
Orangensaft	appelsinjuice, -en [appel'sihnjühs]
Pfeffer	pepper, -en ['pepper]
Sahne	fløte, -en ['flöhte]
Salat	salat, -en, -er [ssa'laht] > S. 43, 50
Salz	salt, -et [ssallt]
Schokolade	sjokolade, -n [schuku'lahde] > S. 48, 52
Senf	sennep, -en ['ssennepp]
Suppe	suppe, -a/-en, -er ['ssüppe] > S. 49
Süßigkeiten	søtsaker (pl) ['ssöhtssahker], godteri, -et, -er [gotte'rih]
Teebeutel	tepose, -en, -er ['tehpuhsse]
Toast	toast [tousst], ristet brød ['risstet bröh] > S. 45, 48
Vollkorn	fullkorn ['füllkurn]
Wein	vin, -en, -er [wihn] > S. 47, 52
Würstchen	pølser (pl) ['pöllsser]
Wurst	pølse ['pöllse] > S. 46, 48
(ohne) Zucker	uten sukker [üten 'sücker]

SCHMUCKWAREN | SMYKKEARTIKLER ['smückearrtickler]

Meine Uhr geht nicht mehr. Können Sie mal nachsehen? — Klokka mi går ikke lenger. Kan du kikke på den? ['klocka mi gohr icke lenger. kann dü 'chicke po denn]

Ich hätte gern ein schönes Andenken/Geschenk. — Jeg ville gjerne ha en pen souvenir/gave. [jäi will 'jährne ha ehn pehn süwe'nier/'gahwe]

Anhänger	anheng, -et, - ['annheng]
Armband	armbånd, -et, - ['arrmbonn]
Armbanduhr	armbåndsur, -et, - ['arrmbonnssühr]
Brosche	nål, -a/-en, -er [nohl]
echt	ekte ['äckte]
(Edel-)Stein	(edel) stein ['ehdelstäin]
Gold	gull, -et [güll]
Kette	kjede, -et, -er ['chehde]
Kristall	krystall, -en, -er [krüs'tall]
Ohrringe	ørering, -en, -er ['öhrering]
Perle	perle, -a/-en, -er ['pährle]
Ring	ring, -en, -er [ring]
Schmuck	smykke, -et, -er ['smücke]
Silber	sølv, -et [ssöll]
wasserdicht	vanntett [wanntätt]

WIE DIE EINHEIMISCHEN

Insider Tipps

„saltet/usaltet"

Bei Butter sollte man darauf achten, ob sie gesalzen (*saltet* [ssaltet]) oder ungesalzen (*usaltet* [üssaltet]) ist. Auch Margarine ist meist gesalzen.

Frisch vom Kutter

In Häfen und Fischerdörfern trifft man nicht selten auf Fischkutter, die gerade angelegt haben. Der fangfrische Dorsch lässt manchem das Wasser im Munde zusammenlaufen. Aber wie rankommen? Versuchen Sie es mit einem einfachen *Har du noe fisk å selge?* [hahr dü nue fisk o selle?] („Haben Sie Fisch zu verkaufen?"). Der Fischer kann dann immer noch *Nei* sagen, wird aber oft einen guten Fisch hochhalten und günstig anbieten.

SCHUHGESCHÄFT | SKOBUTIKK ['skuhbütick]

Ich möchte ein Paar ...schuhe.	Jeg vil gjerne ha et par …-sko. [jäi will 'jährne hah ett pahr ... skuh]
Ich habe Schuhgröße ...	Jeg bruker skonummer … [jäi brühker 'skuhnummer]
Sie sind zu eng/weit.	De er for trange/store. [di ähr forr 'trange/'schtuhre]

(mit) Absatz	med hæl [me hähl]
Damenschuh	damesko ['dahmesku]
Gummistiefel	gummistøvel, -en, -støvler ['gümmisstöwwel]
Leder-/Gummisohle	skinn-/gummisåle ['schinn-/'gümmisohle]
Männerschuh	herresko ['härresku]
Mokassin	mokassin [mocka'sien]
Sandalen	sandal, -en, -er [san'dahler]
Schuhcreme	skokrem, -en ['skuhkrehm]
Stiefel	støvel, -en, støvler ['sstöwwel]
Turnschuhe	turnsko, -en, - ['tührnskuh]
Wander-/Trekkingschuh	fjellsko/trekkingsko [fjällsku/träckingsku]

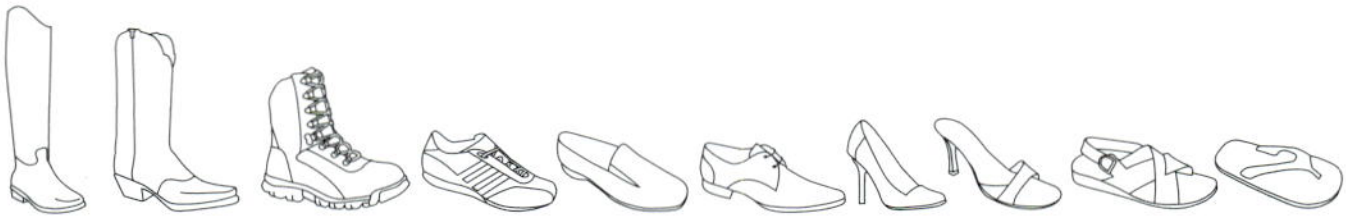

SOUVENIRS | SUVENIRER [suwe'nierer]

Ich hätte gern ein hübsches Andenken/Geschenk.	Jeg vil gjerne ha en pen souvenir/gave. [jäi will 'jährne ha ehn pehn süwe'nier/'gahwe]
Ich hätte gern etwas Typisches aus dieser Gegend.	Jeg ville gjerne ha noe typisk fra dette området. [jäi will 'jährne ha nue 'tüpisk fra 'dähte 'omrode]
Ich möchte etwas nicht zu Teures.	Det må ikke være for dyrt. [de mo 'icke 'währe fohr dürt]
Das ist aber hübsch.	Det er veldig fint. [de ähr 'wälldi fihnt]
Danke schön, ich habe nichts gefunden (, das mir gefällt).	Takk, men jeg fant ingenting (jeg liker). [tack männ jäi fannt 'ingenting jäi 'lihker]

Folkloreladen	husflidbutikk, -en ['hüsflihdbütick]
handgemacht	håndlaget ['hondlaget]
Keramik	keramikk, -en [chehra'mick]
Kitsch	juggel ['jüggel]
Käse	ost, -en, -er [usst]
Mitbringsel	suvenir, -en [süve'nier]

regionales Produkt/ Spezialität	lokalt produkt [lo'kahlt pro'dükt]
Schmuck	smykke, -et, -er ['smücke]
Schnitzerei	treskjærerarbeid, -et, -er ['treschährerarbäid]
Stickerei	broderi, -et, -er [brude'rie]
Töpferwaren	keramikk, -en [chehra'mick]

SCHREIBWAREN UND BÜCHER | PAPIR OG BØKER [pa'pier o 'böcker]

Haben Sie deutsche Zeitungen/ Zeitschriften?	Har dere tyske aviser/tidsskrifter? [hahr dähre 'tüske a'wiser/'tidskrifter]
Ich hätte gern ...	Jeg vil gjerne ha ... [jäi will 'jährne hah]
einen deutschen/englischen Roman.	en tysk/engelsk roman. [ehn tüsk/'ängelsk ro'mahn]
einen Kriminalroman.	en krim. [ehn krimm]
einen Reiseführer.	en reiseguide. [en 'räissegaid]

Bleistift	blyant, -en, -er ['blüant]
Briefmarke	frimerke, -et, -er ['frihmärrke]
Briefpapier	brevpapir, -et, - ['brehwpapihr]
Briefumschlag	konvolutt, -en, -er [konnwo'lütt]
Klebstoff	lim, -et [lihm]
Kochbuch	kokebok, -a/-en, -bøker ['kukebuhk]
Kugelschreiber	kulepenn, -en, -er ['kühlepenn]
Landkarte	kart, -et, - [karrt]
Notizblock	notisblokk, -a/-en, -er [nu'tihsblock]
Papier	papir, -et, - [pa'pihr]
Postkarte	postkort, -et, - ['postkorrt]
Radiergummi	viskelær, -et, - ['wisskelähr]
Reiseführer	reiseguide, -en, -er ['räissegaid]
Roman	roman, -en, -er [ru'mahn]
Spielkarten	(spille)kort, -et, - [('sspille)korrt]
Stadtplan	bykart, -et, - ['bühkarrt]
Straßenkarte	bilkart, -et, - ['bihlkarrt], veikart, -et, - ['wäikarrt]
Taschenbuch	pocketbok, -a/-en, -bøker ['pockettbuhk]
Wanderkarte	turkart, -et, - ['tührkarrt]
eine Wanderkarte von dieser Gegend	et turkart over dette området. [ett 'tührkarrt ohwer dette 'ommrohde]
Zeichenblock	tegneblokk, -a/-en, -er ['täineblock]
Zeitschrift	tidsskrift, -et, - ['tidskrifft]
Zeitung	avis, -a/-en, -er [a'wihs]

> ZIMMER MIT AUSSICHT

Ob W-LAN im Hotel, die Kinderbetreuung in der Ferienanlage, die Rechnung per Kreditkarte – alles nur eine Frage des Service. Äußern Sie Ihre Wünsche!

AUSKUNFT

> Reiseplanung: Seite 10 f.

Können Sie mir bitte ... empfehlen?	Kan du anbefale meg …? [kann dü 'annbeffahle mäi]
ein Hotel/eine Pension	et hotell [ett hu'tell]/et pensjonat [ett pangschu'naht]
Gibt es hier einen Campingplatz/ eine Jugendherberge?	Er det en campingplass/et ungdomsherberge her? [ähr de en 'kämpingplass/ett 'ungdummsshährberrge 'hähr]
Haben Sie eine Hütte frei?	Har du ledige hytter? [har dü ledige hütter?]

ÜBER NACHTEN

... IM HOTEL

REZEPTION | RESEPSJON [ressep'schuhn]

Ich habe bei Ihnen ein Zimmer reserviert. Mein Name ist ...	Jeg har reservert et rom hos dere. Mitt navn er … [jäi hahr resser'wehrt ett rumm huss dehre mitt 'nawwn ähr]
Haben Sie noch Zimmer frei?	Har dere noe ledig rom? [hahr dehre nue 'lehdi rumm]
... für eine Nacht.	… for ei natt. [... for äi natt]
... für zwei Tage.	… for to dager. [... forr tuh 'dahger]
... für eine Woche.	… for ei uke. [... for äi 'ühke]

Nein, wir sind leider vollständig belegt.	Nei, det er dessverre fullt. [näi de ähr dess'wärre füllt]
Ja, was für ein Zimmer wünschen Sie?	Ja, hva slags rom ønsker du? [jah wah schlaggs rumm 'önnsker dü]
ein Einzelzimmer ...	et enkeltrom … [ett 'enkeltrumm]
ein Zweibettzimmer ...	et dobbeltrom … [ett 'dobbeltrumm]
mit Dusche	med dusj [meh 'düsch]
mit Bad	med bad [meh 'bahd]
mit Blick aufs Meer	med havutsikt [meh 'hahwühtsickt]
Kann ich das Zimmer ansehen?	Kan jeg få se på rommet? [kann jäi fo 'sseh po 'rumme]
Können Sie noch ein drittes Bett dazustellen?	Kan du sette inn ei seng til? [kann dü ssette 'inn äi sseng 'till]
Was kostet das Zimmer mit ...	Hva koster rommet med … [wah 'kosster 'rumme meh]
Frühstück?	frokost? ['fruhkosst]
Halbpension?	halvpensjon? ['halpangschuhn]
Vollpension?	helpensjon? ['hehlpangschuhn]
Ab wann gibt es Frühstück?	Når er det frokost? [norr ähr de 'fruhkosst]
Wo ist das Restaurant?	Hvor er restauranten? [Wur ähr restü'rangen]
Wecken Sie mich bitte morgen früh um ... Uhr.	Kan du vekke meg i morgen tidlig klokka …? [kann dü 'wecke mäi i 'moern 'tihdli klocka]
Bitte meinen Schlüssel.	Kan jeg få nøkkelen min? [kann jäi foh 'nöckellen minn]

Frühstück: **ESSEN UND TRINKEN** auf Seite 48

BEANSTANDUNGEN | KLAGER ['klahger]

Das Zimmer ist nicht gereinigt worden.	Rommet er ikke blitt reingjort. ['rumme ähr icke blitt 'räinjurrt]
Die Dusche ...	Dusjen … ['düschen]
Die Spülung ...	Toalettet … [tua'lette]
Die Heizung ...	Varmen … ['warrmen]
Das Licht ...	Lyset … ['lühsse]
funktioniert nicht.	virker ikke. ['wirrker icke]
Es kommt kein (warmes) Wasser.	Det kommer ikke (varmt)vann. [de 'kommer icke 'warrmtwann]
Die Toilette/Das Waschbecken ist verstopft.	Toalettet/Vasken er tett. [tua'lette/'wassken ähr tett]

ÜBERNACHTUNG

ABREISE | AVREISE ['ahwräisse]

Wann muss ich spätestens auschecken?	Når må jeg sjekke ut? [norr moh jäi 'schecke üt]
Ich möchte bitte auschecken.	Jeg vil gjerne sjekke ut? [jäi will järne 'schecke üt]
Ich reise heute Abend/ morgen um ... Uhr ab.	Jeg reiser i kveld/i morgen klokka … ['jäi 'räisser i 'kwell/i 'moern klocka]
Machen Sie bitte die Rechnung fertig.	Kan du gjøre ferdig regningen? [kann dü jöhre 'fährdi 'räiningen]
Kann ich mit Kreditkarte bezahlen?	Kan jeg betale med kredittkort? [kann jäi be'tahle me kre'dittkorrt]
Auf Wiedersehen!	Farvel! [far'well]

Abendessen	middag, -en ['middahg]
Adapter	adapter, -en, -e [a'dappter]
Anmeldung	innskriving, -en, -er ['innskrihwing]

WIE DIE EINHEIMISCHEN

Insider Tipps

Etwas für jeden Geschmack

Das Einfachste ist oft das Schönste: Norwegen ist ein Ferienland für alle, die das Ursprüngliche vorziehen. Wohnmobil, Wohnwagen und Zelt stehen hoch im Kurs, doch richtig urig wird es erst in den Hütten (*hytte* [hütte]). Ob am Wasser oder im Hochgebirge – solide gebaut, einfach eingerichtet, nicht immer am Straßenrand, dafür mitten in der Natur. Hütten gibt es überall und in jeder Preisklasse. Kontinental komfortable Hotels gibt es in den Städten reichlich, auf dem Lande sind „alte" Häuser sehr zu empfehlen: kleine Gasthäuser (*gjestegård* [jästegohr]) mit reichlichem Frühstück, einfacher Speisekarte und sehr viel originaler Atmosphäre.

Ein feiner Duft zum Abschluss

Auch wenn der Alkohol in Norwegen teuer ist, wird ein gutes Essen im Restaurant oder Hotel mit einem *Kaffee avec* abgeschlossen. Man bestellt also zum oder direkt nach dem Dessert einen Kaffee mit Cognac. Da die Preise für das gute Essen ziemlich hoch sind, fällt der teure Cognac kaum noch ins Gewicht.

„Familierom" für Selbstversorger

Viele Hotels außerhalb der großen Städte halten für Familien Appartements oder *familierom* [familierum] parat, die oftmals mit Kinderbett und Miniküche ausgestattet sind. Eine kostengünstige Alternative für alle, die zumindest tageweise eine Abwechslung zu Zeltplatz oder Hütte suchen.

Badezimmer	bad, -et, - [bahd]
Bett	seng, -a/-en, -er [sseng]
Bettwäsche	sengetøy, -et ['ssengetöü]
Dusche	dusj, -en, -er [düsch]
Etage	etasje, -en, -er [e'tahsche]
Fenster	vindu, -et, -er ['winndüh]
Fernsehraum	fjernsynsrom, -met, - ['fjährnssühnssrumm]
Frühstück	frokost, -en, -er ['fruhkosst]
Frühstücksraum	frokostrom, -met, - ['fruhkosstrumm]
Halbpension	halvpensjon, -en, -er ['halpangschuhn]
Handtuch	håndkle, -et, -klær ['honnkle]
Hauptsaison	høysesong, -en, -er ['höüssessong]
Heizung	varme, -en ['warrme]
Kinderbetreuung	barnepass, -et ['bahrnepass]
Kinderbett	barneseng, -a/-en, -er ['bahrnesseng]
Klimaanlage	klimaanlegg, -et, - ['klihmaannlegg]
Kopfkissen	hodepute, -a/-en, -er ['huhdepühte]
Lampe	lampe, -a/-en, -er ['lampe]
Mittagessen	lunsj, -en, -er [lönnsch]
Nachsaison	lavsesong, -en, -er ['lahwssessong]
Nachttisch	nattbord, -et, - ['nattbuhr]
Pension	pensjonat, -et, -er [pangschu'naht]
reinigen	rense, -et, -et/-a, -a ['rennsse]
Reservierung	reservering, -en, -er [ressär'wehring]
Restaurant	restaurant [resstäü'rang]
Rezeption	resepsjon, -en, -er [ressep'schuhn]
Safe	safe, -en, -er [ssäif]
Schlüssel	nøkkel, -en, nøkler ['nöckel]
Schrank	skap, -et, - [skahp]
Spiegel	speil, -et, - [sspäil]
Steckdose	veggkontakt, -en, -er ['weggkuntackt]
Stecker	stikkontakt, -en, -er ['sstickuntackt]
Toilette	toalett, -et, -er [tua'lett]
Toilettenpapier	toalettpapir, -et, - [toa'lettpapier]
Übernachtung	overnatting, -en, -er ['ohwernatting]
(mit Frühstück)	(med frokost) [me fruhkost]
Vollpension	helpensjon, -en, -er ['hehlpangschuhn]
Vorsaison	forsesong, -en, -er ['foschessong]
Waschbecken	vaskeservant, -en, -er ['wasskessärrwannt]
Wasser	vann, -et [wann]
kaltes Wasser	kaldt vann [kalt wann]
warmes Wasser	varmt vann [warmt wann]
Wasserhahn	vannkran, -en, -er ['wannkrahn]
Zimmer	rom, -met, - [rumm], værelse, -et, -er ['währelse]

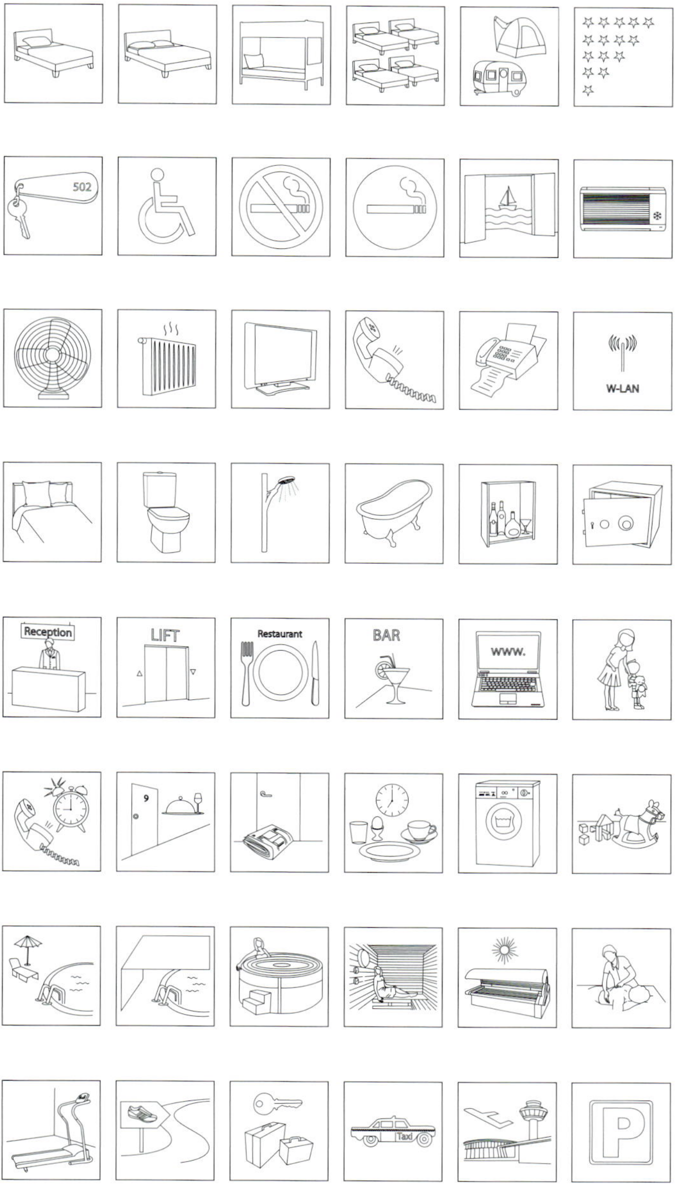
502
W-LAN
Reception
LIFT
Restaurant
BAR
www.
9
Taxi
P

... IM FERIENHAUS

> Reiseplanung: Seite 11

Ist der Strom-/Wasserverbrauch im Mietpreis enthalten?	Er strøm og vann med i leieprisen? [äh schtrömm o 'wann meh i 'läieprihssen]
Werden Bettwäsche und Handtücher gestellt?	Er der sengetøy og håndklær? [ähr det 'sängetöi og 'honklähr]
Wo bekommen wir die Schlüssel für das Haus/die Wohnung?	Hvor får vi nøklene til huset/leiligheten? [wurr fohr wi 'nöcklene till 'hühsse/'läilihehten]
Müssen wir die Endreinigung selbst übernehmen?	Må vi gjøre reint før vi reiser? [moh wi jöhre 'räint föhr wi 'räisser]

Anreisetag	ankomstdag, -en, -er ['annkommsstdahg]
Appartement	leilighet, -en, -er ['läiliheht]
Bettwäsche	sengetøy ['sengetöü]
Bungalow	bungalow, -en, -er ['büngalohw]
Ferienanlage	fritidsanlegg, -et, - ['frihtidsannlegg]
Ferienhaus	feriehus, -et, - ['fehriehühs], hytte, -a/-en, -er ['hütte]
Ferienwohnung	ferieleilighet, -en, -er ['fehrieläiliheht]
Flaschenöffner	flaskeåpner, -en, -e ['flasskeohpner]
Geschirrtuch	kjøkkenhåndkle, -et, -klær ['chöhkenhonnkleh]
Handtuch	håndkle, -et, -klær ['honkleh]
Hausbesitzer/in	huseier, -en, -e ['hühssäier]
Haustiere	husdyr ['hühsdühr]
Kaution	depositum [deh'pussitum]
Kochnische	kjøkkenkrok, -en, -er ['chöckenkruhk]
Korkenzieher	korketrekker, -en, -e ['korrketrecker]
Miete	leie, -a/-en, -er ['läie]
Müll	søppel, -et ['ssöppel]
Mülltrennung	søppelsortering [söppelsortering]
Nebenkosten	ekstrautgifter (pl) ['extraühtjiffter]
Schlafcouch	sovesofa, -en, -er ['sohwessuhfa]
Schlafzimmer	soverom, -met, - ['sohwerumm]
Schlüssel	nøkkel, -en, nøkler ['nöckel]
Strom	strøm, -men [sströmm]
vermieten	leie ut, leide, leid [läie 'üht]
Wohnzimmer	stue ['sstüe]

ÜBERNACHTUNG

tallerken
[tal'lärrken]

glass
[glass]

kopper/kopper
[kopp/kopper]

eggeglass
[äggeglass]

gaffel
['gaffel]

skje
[scheh]

kniv
[knihw]

kaffeskje
[kaffeschäh]

slikkepott
[schlickepott]

stekespade
['sstehkespahde]

øse
[össe]

visp
[wisp]

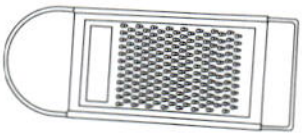
rivjern
[riewjährn]

skjærebrett
[schährebrett]

sikt
[sickt]

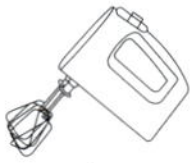
mixer
[mikser]

gryte
[grühte]

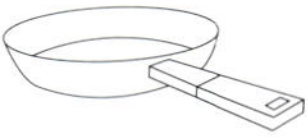
stekepanne
[stekepanne]

skål/-er
[skohl-er]

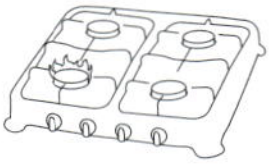
gasskomfyr
['gasskumfür]

komfyr
[komfür]

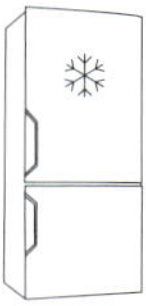
kjøleskap
['chöhleskahp]

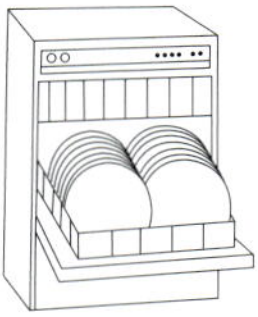
oppvaskmaskin
['uppwasskmaschihn]

vaskemaskin
['wasskemaschihn]

vannkoker
[wannkuhker]

kaffetrakter
['kaffettrackter]

kaffefilter
[kaffefilter]

brødrister
['bröhrisster]

støvsuger
[stöwsüger]

golvklut
[golwklüht]

strykejern
[strückejährn]

klesnor
['klesnur]

kost
[kuhst]

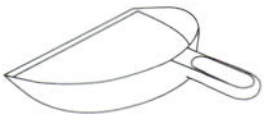
feiebrett
[feiebrätt]

rengjøringsmiddel
[rehnjöringsmiddel]

bøtte
[bötte]

... AUF DEM CAMPINGPLATZ

Haben Sie noch Platz für einen Wohnwagen/ein Zelt?	Har dere plass til en campingvogn/et telt? [hahr dehre 'plass till en 'kämpingwongn/ett 'tellt]
Wie hoch ist die Gebühr pro Tag und Person?	Hva koster det per dag og person? [wah 'kosster de perr 'dahg o pe'schuhn]
Wie hoch ist die Gebühr für ...	Hva koster det for … [wah 'kosster de for]
das Auto?	bilen? ['bihlen]
den Wohnwagen?	campingvogna? ['kämpingwongna]
das Wohnmobil?	bobilen? ['buhbihlen]
das Zelt?	teltet? ['tellte]
Wir bleiben ... Tage/ Wochen.	Vi blir i … dager/uker. [wih blihr i ... 'dahger/'ühker]
Gibt es hier ein Lebensmittelgeschäft?	Er det noen dagligvarebutikk her? [ähr de nuen 'dahgliwahrebütick hähr]
Wo sind ...	Hvor er …? [wurr 'ähr]
die Toiletten?	toalettene? [tua'lettene]
die Waschräume?	vaskerommene? ['wasskerummene]
die Duschen?	dusjene? ['düschene]
Gibt es hier Stromanschluss?	Fins det noe strømuttak her? [finns de nue 'sströmmühtahk hähr]

Benutzungsgebühr	avgift for bruk ['ahwjifft for brühk]
Brennspiritus	rødsprit, -en ['röhsspriht]
Camping	camping, -en ['kämping]
Campingplatz	campingplass, -en, -er ['kämpingplass]
Dosenöffner	hermetikkåpner, -en, -e [härrme'tickohpner]
Essbesteck	bestikk, -et, - [be'sstick]
Flaschenöffner	flaskeåpner, -en, -e ['flasskeohpner]
Geschirrspülbecken	oppvaskkum, -men, -er ['uppwasskkumm]
Grill	grill, -en, -er [grill]
Grillanzünder	grilltenner, -en, -e ['grilltenner]
Grillkohle	grillkull, -et, - ['grillküll]
Kerzen	stearinlys, -et, - [sstea'rihnlühs]
Kocher	kokeapparat, -et, -er ['kuhkeapparaht]
Korkenzieher	korketrekker, -en, -e ['korrketrecker]
leihen	låne, -te, -t ['lohne]
Leihgebühr	leie, -a/-en, -er ['läie]
Petroleum	petroleum, -en [pe'truhleüm]
Petroleumlampe	petroleumslampe, -a/-en, -er [pe'truleümslampe]
Steckdose	veggkontakt, -en, -er ['weggkuntackt]
Stecker	stikkontakt, -en, -er ['sstickuntackt]
Strom	strøm, -men [sströmm]

ÜBERNACHTUNG

Stromanschluss	stromuttak, -et, - ['sströmmüttahk]
Taschenmesser	lommekniv, -en, -er ['lummeknihw]
Trinkwasser	drikkevann, -et ['drickewann]
Voranmeldung	bestilling, -en, -er [be'sstilling]
Wasser	vann, -et [wann]
Zelt	telt, -et, - ['tellt]

... IN DER JUGENDHERBERGE

Kann ich bei Ihnen ... leihen?	Kan jeg låne … hos dere? [kann jäi lohne ... huss dehre]
Die Eingangstür wird um 24 Uhr abgeschlossen.	Ytterdøra blir låst klokka 24. ['ütterdöhra blihr 'lohsst klocka chüe'fihre]

Bettwäsche	sengetøy, -et ['sengetöü]
Internet	Internett [innternett]
Jugendherberge	ungdomsherberge, -et , -er ['ungdummsshährberrge], vandrerhjem -met, - ['wanndrerjemm]
Jugendherbergsausweis	ungdomsherbergekort, -et, - ['ungdummsshährberrgekorrt]
Mitgliedskarte	medlemskort, -et, - ['mehdlemmskorrt]
Schlafsaal	sovesal, -en, -er ['sohwessahl]
Schlafsack	sovepose, -en, -er ['sohwepuhsse]
Waschraum	vaskerom, -met, - ['wasskerumm]

WIE DIE EINHEIMISCHEN

Insider Tipp

Hüttenzauber

Wer mit dem Zelt unterwegs ist und ab und zu ein bisschen Hüttenleben erleben möchte, findet auf allen Campingplätzen kleine *campinghytter* [kempinghütter] (Campinghütten), die allerdings nur das Notwendigste enthalten. Wenn die Anfrage beim *turist kontor* ['tührist kontur] vor Ort nach einer Hütte erfolglos war, ist *et lite hotell* [ätt liehte 'hohtell] (kleines Hotel) die beste Alternative. Wer einen internationalen Jugendherbergsausweis hat, kann natürlich auch die zahlreichen norwegischen *vandrerhjem* ['wanndrer jämm] (Jugendherbergen) in Anspruch nehmen. Hier ist allerdings Vorbestellung dringend zu empfehlen.

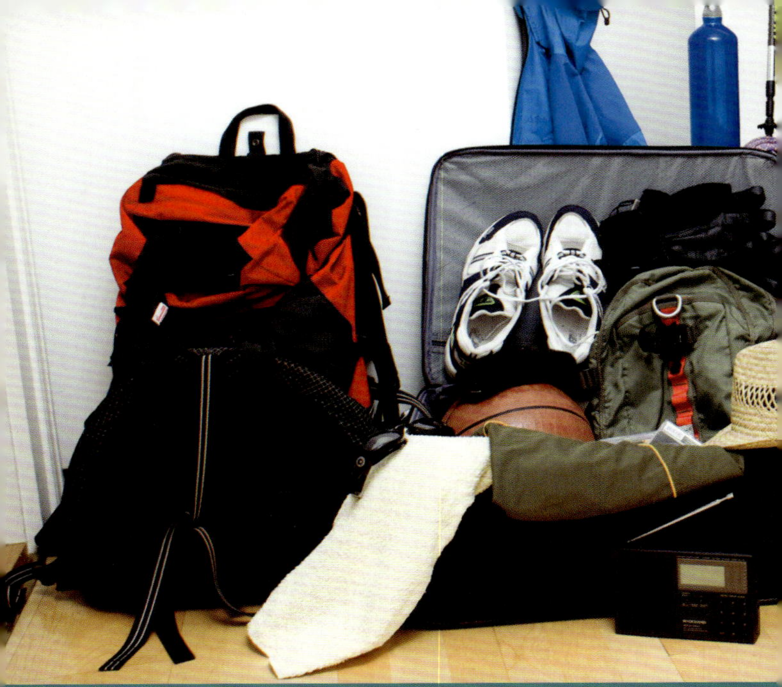

> WAS UNTERNEHMEN WIR?

Ob authentischer Kochkurs, aufregender Trekking-Ausflug oder großer Theaterabend: Lassen Sie sich von den nächsten Seiten helfen, jede Menge Urlaubsabenteuer zu erleben.

AUSKUNFT

Ich möchte einen Stadtplan von ... haben.	Kan jeg få et (by)kart over …? [kann jäi foh ett 'bühkart ohwer]
Welche Sehenswürdigkeiten gibt es hier?	Hvilke severdigheter er det her? [willke se'wärrdihehter ähr de hähr]
Gibt es Stadtrundfahrten?	Er det rundturer i byen? [ähr de 'rünntührer i 'büen]
Was kostet die Rundfahrt?	Hva koster rundturen? [wa 'kosster 'rünntühren]

VOLLES PROGRAMM

SEHENSWÜRDIGKEITEN/MUSEEN

Wann ist das Museum geöffnet?	Når er museet åpent? [norr ähr müs'see 'ohpent]
Wann beginnt die Führung?	Når begynner omvisningen? [norr be'jünner 'ommwihsningen]
Gibt es auch eine Führung auf Deutsch/Englisch?	Er det også guiding på tysk/engelsk? [ähr de 'osso 'gaiding po tüsk/'ängelsk]
Ist das ...?	Er det ...? [ähr de]

Altar	alter, -et, - ['alter]
Altstadt	gamlebyen ['gammlebüen]
Architektur	arkitektur, -en, -er [arkitek'tühr]
Ausgrabungen	utgravinger (pl) ['ühtgrawwinger]
Ausstellung	utstilling, -en, -er ['ühtsstilling]
Besichtigung	besiktigelse, -en, -er [bes'sicktigelse]
Bild	bilde, -et, -er ['billde]
Bildhauer	billedhogger, -en, -e ['billeddhogger]
Burg	borg, -a/-en, -er [borrg]
Denkmal	minnesmerke, -et, -er ['minnessmärrke]
Dom (Kirche)	domkirke, -en, -er ['dommchirrke]
Festung	festning, -en, -er ['fesstning]
Fremdenführer	guide, -en, -er [gaid]
Friedhof	kirkegård, -en, -er ['chirrkegohr]
Führung	omvisning, -en, -er ['ommwihsning]
Galerie	galleri, -et, -er [galle'rih]
Gebäude	bygning, -en, -er ['bügning]
Gemälde	maleri, -et, -er [mahle'rih]
Gottesdienst	gudstjeneste, -en, -er ['güddsstjehnesste]
Kaiser/in	keiser, -en, -e/keiserinne, -en, -er ['chäisser/chäisser'inne]
Kapelle	kapell, -et, - [ka'pell]

WIE DIE EINHEIMISCHEN

Insider Tipps

Breite Palette

Urlauber, die mehr wollen als „Natur pur", kommen in den Städten auf ihre Kosten. Dem Lebenswerk der berühmtesten Norweger (Munch, Grieg, Vigeland, Heyerdahl) sind in Oslo und Bergen spannende Museen gewidmet. Maritime Kultur und Geschichte sind in allen Hafenstädten des Landes von Kristiansand im Süden bis Tromsø im Norden gegenwärtig: Holzschiffe und Seilerhandwerk, Fang und Fischerei. Die charakteristischen Bootshäuser, *Naust* genannt, bilden dazu ein authentisches und lebendiges Ambiente.

Blütezeit

Im Landesinneren erinnern die Stabkirchen (*stavkirker* [sstawchirker]), die wunderschön in die Fjord- und Fjälllandschaft hineinpassen, an die kulturelle Blütezeit in der 2. Hälfte des 12. Jahrhunderts. Die Bezeichnung ist auf die freitragende Konstruktion aus Pfählen („Stäben") zurückzuführen, auf der die Dächer der ein- bis dreischiffigen Gotteshäuser ruhen.

VOLLES PROGRAMM

Kathedrale	katedral, -en, -er [kate'drahl]
Kirche	kirke, -en, -er ['chirrke]
König/in	konge, -en, -er/dronning, -en, -er ['konge/'dronning]
Malerei	maleri, -et, -er [mahle'rih]
Maler/in	maler, -en, -e ['mahler]
Museum	museum, -et, museer [müs'seüm]
Plastik	skulptur, -en, -er [skülp'tühr]
Platz	plass, -en, -er [plass]
Rathaus	rådhus, -et, - ['rohdhühs]
Ruine	ruin, -en, -er [rü'ihn]
Schloss	slott, -et, - [schlott]
Sehenswürdigkeiten	severdigheter (pl) [se'wärrdihehter]
Stadtrundfahrt	byrundtur, -en, -er ['bührünntühr]
Turm	tårn, -et, - [tohrn]

AUSFLÜGE

Wann treffen wir uns?	Når skal vi treffes? ['no schkall wi 'treffes]
Wo fahren wir los?	Hvor starter vi? ['wuhr starter wie]
Kommen wir am/an ... vorbei?	Kjører vi forbi …? ['chöhrer wih fur'bi]
Besichtigen wir auch ...?	Skal vi se på … også? [skall wi 'seh po ... osso]
Wann fahren wir zurück?	Når reiser vi tilbake? [norr räisser wi till'bahke]

Ausflug	utflukt, -en, -er ['ühtflückt]
Aussichtspunkt	utsiktspunkt, -et, - ['ühtsicktspüngt]
Berg	fjell, - et [fjäll]
Bergtour	fjelltur, -en, -er ['fjälltühr]
Bergdorf	fjellbygd, -a, -er ['fjällbügd]
Berggasthof	fjellhytte, -a/-en,-er ['fjällhütte]
Fischerhafen	fiskehavn, -a/-en, -er ['fisskehawwn]
Fluss	elv, -a/-en,-er [älw]
Fjord	fjord, -en, -er [fjuhr]
Gebirge	fjell (pl) [fjell]
Geländewagen	terengbil [te'rängbiel]
Gipfel	fjelltopp, -en,-er ['fjälltopp]
Grotte	grotte, -a/-en, -er ['grotte]
Heide	hei, -a, -er [häi]
Landesinnere	inn i landet [in i 'lanne]
Landschaft	landskap, -et, - ['lannskap]
Leuchtturm	fyr, -et, - [führ]
Markt	marked, -et, -er ['marrkedd]
Markthalle	markedshall, -en, -er ['marrkeddshall]

Museumsdorf	friluftsmuseum, -et, -museer ['frilüftsmüseüm]
Nationalpark	nasjonalpark, -en, -er [nascho'nalpark]
Naturschutzgebiet	naturreservat, -et, -er [na'tührresserrwaht]
Quelle	kilde, -en, -er ['childe]
Pass	pass, -et, - [pass]
Rundfahrt	rundtur, -en, -er ['rünntühr]
Schlucht	kløft, -a/-en, -er [klöft]
See	(inn)sjø, -en, -er [schöh]
Staudamm	demning, -en, -er ['dämning]
Tagesausflug	heldagsutflukt, -en, -er ['hehldahgsühtflückt]
Tal	dal, -en, -er [dahl]
Uferpromenade	strandpromenade, -en, -er ['stranprumenahde]
Wald	skog, -en, -er [skuhg]
Wasserfall	foss, -en, -er [foss]
Zoo	zoologisk hage, -en, -er [suul'lohgissk 'hahge]

AM ABEND

CLUB | KLUBB [klübb]

Was kann man hier abends unternehmen?	Hva kan man ta seg til om kveldene her? [wa kann man ta säi till omm kwällene här]
Gibt es hier eine gemütliche Kneipe?	Er det noe hyggelig vertshus her? [ähr de nue 'hüggeli 'werrtsshühs hähr]
Wo kann man hier tanzen gehen?	Hvor kan en gå og danse her? [wurr kann en 'goh o 'dannsse hähr]
Welche Musikrichtung wird hier gespielt?	Hvilken type musikk spilles det her? ['wilken 'tüpe mü'sick 'spilles de här]
Ist Abendgarderobe erwünscht?	Må en være fint kledd? [moh en währe 'fihnt 'kledd]
Ein Bier, bitte.	En øl, takk. [en 'öll tack]
Das Gleiche noch einmal.	En til av det samme, takk. ['ehn till ahw de 'samme tack]
Diese Runde übernehme ich.	Denne runden spanderer jeg. ['denne 'ründen sspan'dehrer jäi]
Wollen wir tanzen?	Skal vi danse? [skall wi 'dannsse]

ausgehen	gå ut, gikk, gått [go 'üht]
Band	band, -et, - [bänn]
Bar	bar, -en, -er [bahr]
Club/Diskothek	klubb/diskotek [klübb/disko'tek]
DJ	dj [di'jäi]
Folklore	folklore, -en ['follklohr]

Folkloreabend	folkloreaften, -en, -er [follk'lohrafften]
Folkloremusik	folkemusikk, -en ['follkemüssick]
Kneipe	vertshus, -et, - ['werrtsshühs], kro, -en, -er [kruh], kafé, -en, -er [ka'feh]
Live-Musik	levende musikk ['lehwende müs'sick]
Party	party ['parti]
Spielcasino	spillekasino, -et, -er ['sspillekassihnu]
tanzen	danse, -et, -et/-a, -a ['dannsse]
Türsteher	dørvakt, -a/-en, -er ['döhrwackt]

THEATER/KONZERT/KINO
TEATER/KONSERT/KINO [te'ahter/kun'ssärrt/'chihnu]

Haben Sie einen Veranstaltungskalender für diese Woche?	Har dere et program over hva som skjer denne uka? [hahr dehre ett pru'gramm ohwer wah ssomm 'schehr denne 'ühka]
Welches Stück wird heute Abend (im Theater) gespielt?	Hva spiller de (i teateret) i kveld? [wa 'sspiller di (i te'ahtere) i kwell]
Können Sie mir ein gutes Theaterstück empfehlen?	Kan du anbefale meg et godt teaterstykke? [kann dü 'annbeffahle mäi ett gott te'ahteschtücke]
Wann beginnt die Vorstellung?	Når begynner forestillingen? [norr be'jünner 'fohresstillingen]
Wo bekommt man Karten?	Hvor får en billetter? ['wurr fohr en bil'letter]
Bitte zwei Karten für heute Abend.	To billetter til i kveld, takk. [tuh bil'letter till i 'kwell tack]
Bitte zwei Plätze zu ...	To plasser til … takk. [tuh 'plasser till ... tack]

WIE DIE EINHEIMISCHEN

Insider Tipp

Die nächste Runde

Nicht ganz einfach ist es, Norwegern ein Bier auszugeben. Sie scheinen schnell das Gefühl zu bekommen, etwas schuldig zu sein. Wer also mit einem freundlichen *Jeg har lyst å spandere* [jäi har lüst o spandere] („Ich möchte gern bezahlen") die Spendierhosen anzieht, sollte akzeptieren, dass das nächste Bier auf die Rechnung des Eingeladenen geht.

Kann ich bitte ein Programm haben?	Kan jeg få et program? [kann jäi 'foh ett pru'gramm]
Wo ist die Garderobe?	Hvor er garderoben? [wurr ähr garrde'rohben]

Ballett	ballett, -en, -er [bal'lett]
Eintrittskarte	inngangsbillett, -en, -er ['inngangsbillett]
Festival	festival, -en, -er [fessti'wahl]
Film	film, -en, -er [fillm]
Kasse	kasse, -a/-en, -er ['kasse]
Kino	kino, -en, -er ['chihnu]
Konzert	konsert, -en, -er [kun'ssärrt]
Musical	musical, -en, -er ['mjühssikel]
Oper	opera, -en, -er ['upera]
Premiere	premiere, -en, -er [premmi'ähre]
Programm	program, -met, - [pru'gramm]
Programmheft	programhefte, -et, -er [pru'grammheftä]
Prozession/Umzug	tog [tohg]
Schauspiel	skuespill, -et, - ['sküesspill]
Theater	teater, -et, - [te'ahter]
Veranstaltungskalender	program, -met, - [pru'gramm]
Vorstellung	forestilling, -en, -er ['fohresstilling]
Vorverkauf	forsalg, -et, - ['foschallg]

FESTE/VERANSTALTUNGEN
FESTER/ARRANGEMENTER ['fester/arransche'manger]

Könnten Sie mir bitte sagen, wann das ...-Festival stattfindet?	Når finner …festivalen sted? [norr 'finnär fästi'wahlen ste]
vom ... bis ...	fra … til … [fra...till]

Dorffest	bygdefest ['bügdefäst]
Festival	festival, -en, -er [fästi'wahl]
Feuerwerk	fyrverkeri, -et, - ['führwärkähri]
Flohmarkt	loppemarked, -et, -er ['loppemarked]
Jahrestreffen (z.B. Sängertreffen)	stevne,- et ['stäwne]
Jahrmarkt	tivoli,- et ['tiwuhli]
Nationale Meisterschaften	NM ['ännemm]
Turnier	turnering, -en [türn'ering]
Umzug	tog,- et [tohg]
Zirkus	sirkus, -et, - ['ssirrküss]

VOLLES PROGRAMM

STRAND UND SPORT

AM STRAND | PÅ STRANDA [po 'sstranna]

Ist die Strömung stark?	Er det sterk strøm her? [ähr de 'sstärrk 'sströmm hähr]
Ist es für Kinder gefährlich?	Er det farlig for barn? [ähr de 'fahrli for 'bahrn]
Wann ist Ebbe/Flut?	Når er det fjære (lavvann)/flo (høyvann)? [norr ähr de 'fjähre ('lahwann)/'fluh ('höüwann)]

Bademeister/in	badevakt, -a/-en, -er ['bahdewackt]
Badestrand	badestrand ['bahdestran]
Dusche	dusj, -en, -er [düsch]
FKK-Strand	nudiststrand, -a/-en, -strender [nü'disstsstrann]
Nichtschwimmer	ikke-svømmer, -en, -e ['ickeswömmer]
Qualle	manet [manet]
schwimmen	svømme, -te, -t ['sswömme]
Schwimmer/in	svømmer, -en, -e ['sswömmer]
Sonnenschirm	solskjerm, -en, -er ['ssuhlschärrm]
Strömung	strøm [strömm]
Umkleidekabinen	garderober [garde'ruhber]

AKTIVURLAUB/SPORT | AKTIVFERIE/SPORT ['aktiwferiä/sport]

Welche Sportmöglichkeiten gibt es hier?	Hvilke muligheter for å drive sport er det her? [willke 'mühlihehter for o drihwe 'sspurrt ähr de hähr]

WIE DIE EINHEIMISCHEN

Insider Tipp

Ausnahmezustand

Gearbeitet wird am 17. Mai nicht, die Geschäfte bleiben geschlossen; denn der Nationalfeiertag (*nasjonaldagen* [naschu'nahldahgen]) steht ganz im Zeichen der Freude. Der Tag beginnt mit dem Hissen der Flagge und der Nationalhymne *Ja, vi elsker dette landet* [ja, wi älssker dette lande] („Ja, wir lieben dieses Land"). Am Vormittag jubelt man sich – gekleidet in Trachten oder zumindest im Festkleid – im Umzug zu, hört eine Rede auf die Nation und geht dann nach Hause, um Rahmbrei zu essen. Die Kinder dürfen naschen, bis ihnen schlecht wird, die Erwachsenen schmieden Pläne für den gerade ausgebrochenen Frühling. Besuchern bleibt nur eins: Mitmachen!

Gibt es hier ein ...	Er det noen … her? [ähr de nuen ... hähr]
Wo kann ich ... ausleihen?	Hvor kan jeg låne/leie … ? [wurr kann jäi 'lohne/'läie]
Kann ich mitspielen?	Kan jeg få være med? [kann jäi fo währe 'meh]
Ich möchte einen ...kurs machen.	Jeg vil gjerne gå på … kurs. [jäi will 'jährne goh po ... kühsch]

Eintrittskarte	inngangsbillett, -en, -er ['inngangsbillett]
Ergebnis	resultat, -et, - [ressül'taht]
gewinnen	vinne, vant, vunnet ['winne]
Kasse	kasse, -a/-en, -er ['kasse]
Kurs	kurs, -et, - [kühsch]
Mannschaft	lag, -et, - [lahg]
Niederlage	nederlag, -et, - ['nedderlahg], tap, -et, - [tahp]
Schiedsrichter	dommer, -en, -e ['dummer]
Sieg	seier, -en, -e ['ssäier]
Spiel	spill, -et, - [sspill]
unentschieden	uavgjort ['üahwjurrt]
verlieren	tape, -te, -t ['tahpe]
Wettkampf	konkurranse, -en, -er [kunnkü'rannsse]

WASSERSPORT VANNSPORT ['wannsport]

Bootsführerschein	båtførerkort, -et ['bohtföhrerkort]
Bootsverleih	båtutleie, -a/-en, -er ['bohtühtläie]
Canyoning	juvvandring ['jühwahndring]
Freibad	friluftsbad, -et, - ['frihlüfftsbahd]
Hallenbad	svømmehall, -en, -er ['swömmehall]
Kajak	kajakk, en ['kajack]
Kanu	kano, -en, -er ['kahnu]
Motorboot	motorbåt, -en, -er ['muhturboht]
Regatta	regatta, -en, -er [re'gatta]
Rückholservice	henteservice ['häntesörwis]
Ruderboot	robåt, -en, -er ['ruhboht]
Rudern	ro, -dde, -dd [ruh]
Schlauchboot	gummibåt, -en, -er ['gümmiboht]
Segelboot	seilbåt, -en, -er ['ssäilboht]
Segeln	seile, -te, -t ['ssäile]
Segelschule	seilskole ['säilskuhle]
Surfbrett	surfebrett, -et, - ['ssörrfebrett]
surfen	surfe, -et, -et/-a, -a ['ssörrfe]
Surfschule	surfskole ['sörfskuhle]
Tretboot	pedalbåt, -en, -er [pe'dahlboht]
Wasserball	vannpolo, -en ['wannpuhlu]
windsurfen	surfing ['sürfing]

VOLLES PROGRAMM

TAUCHEN DYKKING ['dücking]

Gerätetauchen	apparatdykking,- en [appa'rahtdükkin]
Neoprenanzug	neoprendrakt, -en [neho'prehndrakt]
Sauerstoffgerät	surstoffflaske [sührstoffflasske]
Schnorchel	snorkel, -en, snorkler ['snorrkel]
Schwimmflossen	svømmeføtter (pl) ['sswömmefötter]
tauchen	dykke, -et, -et/-a, -a ['dücke]
Taucherausrüstung	dykkerutrustning, -en, -er ['dückerühtrüssning]
Taucherbrille	dykkerbriller (pl) ['dückerbriller]
Tauchschule	dykkerskole ['dückerskuhle]

ANGELN FISKE ['fiske]

Wo kann man hier angeln?	Hvor kan en fiske her? [wurr kann en 'fisske hähr]
Angel	fiskestang, -a/-en, -stenger ['fisskesstang]
Angelhaken	krok, -en [kruhk]
angeln	fiske, -et, -et ['fiske]
Angelrolle	snelle,- en ['snälle]
Angelschein	fiskekort, -et, - ['fisskekorrt]
Flussangeln	elvefiske ['älwefiske]
Hochseeangeln	havfiske, -et ['hahwfisske]
Köder	agn [angn]
Schonzeiten	fredningstid ['frehdningsti]

WIE DIE EINHEIMISCHEN

Insider Tipps

Achtung, Angler!

Im Salzwasser der Fjorde und an der Küste ist das Angeln frei, das heißt, man braucht keinen Angelschein und muss keine Gebühr bezahlen.

Für Flüsse und Seen benötigt man nur dann einen Jahresfischereischein (*fisketrygdavgift* [`fissketrygd'awjifft]), wenn es in diesen Gewässern Lachse oder Meerforellen gibt – also vor allem die Flüsse in West- und Nordnorwegen, die ins Meer oder einen Fjord fließen, und die Seen, aus denen diese Flüsse entspringen.

Petri Heil!

Was dem deutschen Sportangler das „Petri Heil", ist dem Norweger das *Skit fiske* [schiet fiske]. Es läuft aufs Gleiche hinaus und meint eben nicht, dass die Fische schlecht beißen oder gar schlecht schmecken.

BALLSPIELE BALLSPILL ['ballspill]

Ball	ball, -en, -er [ball]
Basketball	basketball, -en, -er ['bahsketball]
Fußball	fotball, -en, -er ['fuhtball]
Fußballmannschaft	fotballag, -et, - ['fuhtballahg]
Fußballplatz	fotballplass, -en, -er ['fuhtballplass]
Fußballspiel	fotballkamp, -en, -er ['fuhtballkammp]
Handball	håndball, -en ['honnball]
Spiel	spill, -et, - [sspill]
Tor	mål, -et, - [mohl]
Torwart	målmann, -en, -menn ['mohlmann]
Volleyball	volleyball, -en ['wolliball]

TENNIS UND ÄHNLICHES TENNIS OG LIKNENDE ['tännis og 'lingnäne]

Badminton	badminton ['bädminnton]
Ball	ball, -en, -er [ball]
Doppel	dobbel ['dubbel]
Einzel	enkel [enkel]
Schläger	racket, -en, -er ['räckett]
Squash	squash, -en [skwosch]
Tennis	tennis, -en ['tenniss]
Tennisschläger	tennisracket, -en, -er ['tennissräcket]
Tennishalle	tennishall ['tännishall]
Tennisplatz	tenisbane ['tännisbane]
Tischtennis	bordtennis, -en ['buhrtenniss]

FITNESS- UND KRAFTTRAINING KONDIS- OG STYRKETRENING ['kondis og 'stürketrehning]

Aerobic	aerobic [äro'bick]
Fitnesscenter	fitnessenter, -et, -sentra ['fittnesänter]
joggen	jogge, -et, -et/-a, -a ['jogge]
Krafttraining	styrketrening ['stürketrehning]
Yoga	yoga ['juhga]

WELLNESS VELVÆRE ['wellwähre]

Dampfbad	dampbad, e-t ['dampbahd]
Massage	masasje, -en [ma'ssahsche]
Sauna	badstu, -a/-en, -er ['basstu]
Solarium	solarium, -et, -rier [ssu'lahriüm]
Whirlpool	boblebad, -et, - ['bobblebad]

RADFAHREN SYKLING ['sückling]

Fahrrad	sykkel, -en, sykler ['sückel]
Fahrradhelm	sykkelhjelm, -en ['sückelhjälm]
Fahrradweg	sykkelsti, -en, -er ['sükkelstie]

Flickzeug	lappesaker (pl) ['lappesahker]
Luftpumpe	luftpumpe, -en ['lüftpumpe]
Mountainbike	terrengsykkel, -en [te'rängsükkel]
Rad fahren	sykle, -et, -et/-a, -a ['ssückle]
Radrennen	sykkelløp, -et, - ['ssückelöhp]
Radtour	sykkeltur, -en, -er ['ssückeltühr]
Rennrad	racersykkel,- en ['räsersükkel]
Schlauch	slange, - en ['slange]
Trekkingrad	hybridsykkel,- en [hü'bridsükkel]

WANDERN UND BERGSTEIGEN FJELLTURER OG KLATRING ['fjälltürer og 'klatring]

Ich möchte eine Bergtour machen.	Jeg vil gjerne ta en fjelltur. [jäi will 'jährne tah en 'fjelltühr]
Können Sie mir eine interessante Route auf der Karte zeigen?	Kan du vise meg en interessant rute på kartet? [kann dü 'wihsse mäi en intere'ssang 'rühte po 'karte]

Bergführer	fjellguide ['fjällgaid]
Bergsteigen	fjellklatring, -en ['fjellklattring]
Fernwanderweg	turloipe, -en ['tührleupe]
Freeclimbing	friklatring, -en ['friklatring]
Schutzhütte	hytte, -en/-a; bu,-a ['hütte]
Seilbahn	taubane, -a/-en, -er ['täübahne]
Sicherungsseil	sikringstau,- et ['sikringstäü]
Tagestour	dagstur, -en ['dagstühr]
Trekking	turgåing, -en ['tührgoing]
Wanderkarte	turkart, -et, - ['tührkart]
Wandern	gå tur, gikk, gått [goh 'tühr], vandre, -et, -et/-a, -a ['wanndre]
Wanderweg	tursti, -en, -er ['tühschtih]

REITEN RIDING ['riding]

Ausritt	ridetur, -en, -er ['riedetühr]
Pferd	hest, -en, -er [häst]
reiten	ri(de), red, ridd [rih ('rihde)]
Reiterferien	rideleir ,-en ['riedeläir]
Reitschule	rideskole, -en ['riedeskuhle]

GOLF GOLF [gollf]

18-Loch-Platz	18 hulls-bane ['attenjühlsbahne]
abschlagen	slå ut [slo üt]
Golfplatz	golfbane ['gollfbahne]
Golfschläger	golfkølle, -a/-en, -er ['gollfkölle]
Greenfee	greenfee [grienfieh]

IN DER LUFT FRILUFTSLIV ['frielüftsliew]

Drachenfliegen	hanggliding ['hänglaiding]
Fallschirmspringen	fallskjermhopping, -en ['fallschärrmhopping]
Gleitschirm	hangglider [hängglaider]
Paragliding	paragliding, -en ['paragleiding]
Segelfliegen	seilflyging, -en ['ssäilflühging]

WINTERURLAUB VINTERFERIE ['winterferie]

Eine Tageskarte, bitte.	Et dagskort, takk! [ett dagskort tack]
Um wie viel Uhr ist die letzte Bergfahrt/Talfahrt?	Når går siste turen? [norr gohr 'siste 'tühren]

Bergstation	øvre stasjon ['öwre sta'schon]
Curling	curling ['köhrling]
Eisbahn	skøytebane, -a/-en, -er ['schöütebahne]
Eishockey	ishockey, -en ['ihsshocki]
Eislauf	skøyteløp, -et, - ['schöitelöhp]
Langlauf	langrenn, -et ['langrenn]
Lift	heis [hais]
Loipe	løype, -a, -er ['löipe]
Schlitten	slede, -n, -er ['schlehde], kjelke, -en, -er ['chellke]
Schlitten fahren	ake på kjelke [ahke po 'chellke]
Schlittschuhe	skøyter (pl) ['schöüter]
Schlittschuh laufen	å gå på skøyter [o goh po 'schöiter]
Sessellift	stolheis, -en, -er ['sstuhlhäiss]
Ski	ski, -a, -er [schih]
Skilaufen	skiløping, -en/-a ['schihlöhping]
Skibindung	skibinding, -a/-en, -er ['schiebinding]
Skibrille	skibriller (pl) ['schiebriller]
Skikurs	skikurs, -et, - ['schieküirs]
Skilehrer/in	skiinstruktør, -en ['schieinnstrüktör]
Skirennen	løp, -et, - [löhp]
Skistöcke	skistav, -en, -er ['schiestahw]
Snowboard	snøbrett, -et ['snöhbrätt]
Schnee	snø, -en [snöh]
Tagespass	dagskort, -et, - ['dagskort]
Talstation	nedre stasjon ['nehdre sta'schon]
Wochenpass	ukekort, -et, - ['ühkekort]

VOLLES PROGRAMM

KURSE | KURS [kührs]

Ich möchte ... belegen.	Jeg vil gjerne delta i ... [jäi will 'jährne 'dehlta i]
einen Norwegischkurs	et norskkurs [et 'norschkürs]
für Anfänger	for nybegynnere [fohr 'nühbehjünnere]
für Fortgeschrittene	for viderekomne [fohr 'wiederekomne]
Sind Vorkenntnisse erforderlich?	Er det nødvendig med forkunnskaper? [ähr de nöd'wändig meh 'fohrkünnskahper]
Bis wann muss man sich anmelden?	Når er påmeldingsfrist? [norr ähr 'pomäldingsfrist]
Sind die Materialkosten inklusive?	Er det inkludert undervisningsmateriell? [ähr de inklü'dert ünder'wisningsmahteriell]
Was ist mitzubringen?	Hva må vi ta med oss? [wa moh wi ta me oss]
(Aquarell-)Malen	akvarellmaling, -en [akva'rellmahling]
Drechseln	dreiing, -en ['dräing]
Fotografieren	fotografering, -en [futugra'fähring]
Goldschmieden	gullsmed, -en ['güllsmehd]
Holzwerkstatt	treverksted, -et ['trehwärksted]
Kochen	matlaging, -en ['mahtlahging]
Kurs	kurs, -en, -er [kürs]
Malen	maleri, -et [male'ri]
Ölmalerei	oljemaleri, -et, -er ['uljemahleri]
Tanz	dans, -en [dans]
Trommeln	trommer ['trummer]
Workshop	workshop ['wörkschopp]
Zeichnen	tegne ['täine]

WIE DIE EINHEIMISCHEN

Insider Tipp

Skilaufen im Sommer

Warum nicht in der Badehose Ski laufen? Die Gletscher machen es möglich, und in zwei westnorwegischen Sommerskizentren wird von Mai bis September Wintersport angeboten. Internationalen Alpingrößen begegnet man mit viel Glück im Sommerskizentrum von Stryn, das in 1000 Meter Höhe an der Landesstraße 258 nördlich von Stryn liegt. Umrahmt vom bildschönen Hardangerfjord liegt der Gletscher Folgefonna mit dem gleichnamigen Skizentrum, das vom Fähranleger in Jondal aus zu erreichen ist.

> AUF ALLES VORBEREITET

Beim Arzt, bei der Polizei oder auf der Bank: Wenn's knifflig wird oder schnell gehen soll, dann hilft Ihnen dieses praktische Kapitel in jedem (Not-)Fall.

ARZT

AUSKUNFT | NUMMEROPPLYSNING ['nummeropplüssning]

Können Sie mir einen guten ... empfehlen?	Kan du anbefale meg en god ...? [kann dü 'annbeffahle mäi en guh]
Arzt	lege, -en, -er ['lehge]
Augenarzt	øyenlege, -en, -er ['öüenlehge]
Frauenarzt	gynekolog, -en, -er [güneku'lohg]

VON A BIS Z

Hals-Nasen-Ohren-Arzt	øre-nese-hals-lege ['öhre-'nesse-halls-lehge]
Hautarzt	hudlege, -en, -er ['hühdlehge]
Kinderarzt	barnelege, -en, -er ['bahrnelehge]
Zahnarzt	tannlege, -en, -er ['tannlehge]
Wo ist seine Praxis?	Hvor ligger kontoret hans? [wurr 'ligger kun'tuhre hanns]
Wo finde ich die Arztstation?	Hvor finner jeg legevagten? [wurr 'finner jäi lehgewackten]

> **Apotheke: Seite 57, 60**

BEIM ARZT | HOS LEGEN [huss 'lehgen]

Was für Beschwerden haben Sie?	Hva er det som feiler deg? [wah ähr de som 'fäiler däi]
Ich habe Fieber.	Jeg har feber. [jäi hahr 'fehber]
Mir ist oft schlecht/schwindelig.	Jeg er ofte dårlig/svimmel. [jäi ähr 'offte 'dohrli/'swimmel]
Ich bin ohnmächtig geworden.	Jeg besvimte. [jäi be'sswihmte]
Ich bin stark erkältet.	Jeg er sterkt forkjølet. [jäi äh schtärrkt for'chöhlet]
Ich habe Kopfschmerzen.	Jeg har hodepine. [jäi hahr 'huhdepihne]
Ich habe Halsschmerzen.	Jeg har vondt i halsen. [jäi hahr wunnt i 'hallsen]
Ich habe Husten.	Jeg har hoste. [jäi hahr 'husste]
Ich bin gestochen/gebissen worden.	Jeg er blitt stukket/bitt. [jäi ähr blitt 'sstucket/'bitt]
Ich habe Durchfall/Verstopfung.	Jeg har diare/forstoppelse. [jäi hahr diar'reh/hahr fo'schtoppelse]
Ich habe mich verletzt.	Jeg har skadet meg. [jäi hah 'schkahdet mäi]
Wo tut es weh?	Hvor gjør det vondt? ['wurr jöhr de 'wunnt]
Ich habe hier Schmerzen.	Jeg har smerter her. [jäi hah 'schmärrter 'hähr]
Ich bin Diabetiker/in.	Jeg er diabetiker. [jäi ähr dia'behtiker]
Ich bin schwanger.	Jeg er gravid. [jäi ähr gra'wihd]
Es ist nichts Ernstes.	Det er ikke noe alvorlig. [de ähr icke nue all'wohrli]
Können Sie mir bitte etwas gegen ... geben?	Kan du gi meg noe mot …? [kann dü 'jih mäi 'nue muht ...]
Können Sie mir bitte etwas gegen ... verschreiben?	Kan du skrive ut noe mot … for meg? [kann dü skrihwe 'üht 'nue muht ... for mäi]

BEIM ZAHNARZT | HOS TANNLEGEN [huss tannlehgen]

Ich habe (starke) Zahnschmerzen.	Jeg har (sterk) tannverk. [jäi hah (schtärrk)r 'tannwärrk]
Dieser Zahn (oben/unten/vorn/hinten) tut weh.	Denne tanna her (oppe/nede/framme/bak) gjør vondt. [dänne tanna hähr (uppe/nede/framme/bahk) jøhr wunt]
Ich habe eine Füllung verloren.	Jeg har mistet en fylling. [jäi hahr 'misstet en 'fülling]
Mir ist ein Zahn abgebrochen.	Jeg har knekt ei tann. [jäi hahr 'kneckt äi 'tann]
Ich behandle ihn nur provisorisch.	Jeg behandler den bare midlertidig. [Jäi beh'hannler denn bahre midlärtihdi]
Ich muss ihn ziehen.	Jeg må trekke den. [jäi moh träcke dänn]
Geben Sie mir bitte eine Spritze.	Kan jeg få bedøving? [kann jäi foh be'döhwing]
Geben Sie mir bitte keine Spritze.	Jeg vil ikke ha bedøving. [jäi will icke hah be'döhwing]

VON A BIS Z

IM KRANKENHAUS | PÅ SJUKEHUSET [po schuhkehuhse]

Wie lange muss ich hier bleiben?	Hvor lenge må jeg bli her? [wurr 'lenge moh jäi 'blih hähr]
Wann darf ich aufstehen?	Når kan jeg stå opp? [norr kann jäi sstoh 'opp]

Abszess	byll, -en, -er [büll]
Aids	aids [äids]
Allergie	allergi, -en, -er [aller'gih]
ansteckend	smittsom ['smittsomm]
Arm	arm, -en, -er [arrm]
Asthma	astma, -en ['asstma]
Atembeschwerden	pustevansker (pl) ['püsstewannsker]
atmen	puste, -et, -et/-a, -a ['püsste]
Auge	øye, -et, -øyne ['öüe]
Ausschlag	utslett, -et ['ühtschlett]
Bänderriss	et avslitt leddbånd [ett 'awwschlitt 'leddbonn]
Bauch	mage, -en, -er ['mahge]
Bein	bein, -et, - [bäin]
bewusstlos	bevisstløs [be'wisstlöhs]
Blähungen	luft i magen [lüfft i 'mahgen]
Blase	blemme, -en/a, -er ['blemme]
Blinddarm	blindtarm, -en, -er ['blinntarrm]
Blut	blod, -et [bluh]
Blutdruck (hoher/niedriger)	blodtrykk, -et ['bluhtrück] (høyt/lavt) [höüt/lahwt]
bluten	blø, -dde, -dd [blöh]
Blutvergiftung	blodforgiftning, -en, -er ['bluhforrjifftning]
Borreliose	borreliose [borreliose]
Bronchitis	bronkitt, -en [brung'kitt]
Bruch	brudd, -et, - [brüdd]
Brust	bryst, -et, - [brüsst]
Bypass	bypass, -et ['baipahss]
Darm	tarm, -en, -er [tarrm]

WIE DIE EINHEIMISCHEN

Insider Tipp

Kommunal
Norwegen hat kaum niedergelassene Ärzte, sondern kommunale Arztstationen. Fragen Sie, wenn Sie medizinische Hilfe benötigen, nach der „legevakt“ [lehgewackt].

Diabetes	diabetes [dia'behtess]
Durchfall	diare, -en [diar'reh]
Eiter	materie, -en [ma'tehrie]
Empfang	resepsjon [resäp'schon]
Entzündung	betennelse, -en, -er [be'tennelse]
erbrechen, sich	kaste opp, -et, -et/-a, -a [kasste 'opp]
erkälten, sich	bli forkjølet [blih for'chöhlet]
Fehlgeburt	abort, -en, -er [a'borrt]
Fieber	feber, -en ['fehber]
Finger	finger, -en, fingre ['finger]
Fuß	fot, -en, føtter [fuht]
Gallenblase	galleblære, -a/-en, -er ['galleblähre]
gebrochen	brukket ['brucket]
Gehirn	hjerne, -en, -er ['jährne]
Gehirnerschütterung	hjernerystelse, -en, -er ['jährnerüsstelse]
Gehirnschlag	hjerneslag, -et, - ['jährneschlahg]
Gelbsucht	gulsott, -a/-en ['gühlsott]
Gelenk	ledd, -et, - [ledd]
Geschlechtskrankheit	kjønnssjukdom, -men, -mer ['chönnssschühkdumm]
Geschlechtsorgane	kjønnsorganer (pl) ['chönnssorrgahner]
geschwollen	oppsvulmet ['oppswüllmet]
Geschwür	byll, -en, -er [büll]
Gesicht	ansikt, -et, -er ['annssickt]
Grippe	influensa, -en [innflü'ennssa]
Hals	hals, -en, -er [halls]
Halsschmerzen	halssmerter (pl) ['hallsmärrter]
Hand	hånd, -a/-en, hender [honn]
Haut	hud, -a/-en, -er [hühd]
Herpes	herpes [härpes]
Herz	hjerte, -et, -er ['järrte]
Herzanfall	hjerteanfall, -et, - ['järrteannfall]
Herzbeschwerden	hjerteproblemer (pl) ['järrteprublehmer]
Herzfehler	hjertefeil, -en, - ['järrtefäil]
Herzinfarkt	hjerteinfarkt, -et, - ['järrteinnfarrkt]
Herzschrittmacher	pacemaker, -en, -e ['päissmäiker]
Hexenschuss	hekseskudd, -et, - ['hexeskūdd]
Hirnhautentzündung	hjernehinnebetennelse [hjärnehinnebetännelse]
HIV-positiv	HIV-positiv [ho i we-positiw]
Hüfte	hofte, -a/-en, -er ['hoffte]
Husten	hoste, -en ['husste]
Impfung	vaksinasjon, -en, -er [waxinna'schuhn]
Infektion	infeksjon, -en, -er [infek'schuhn]
Ischias	isjias, -en ['ihschiass]
Kinderlähmung	poliomyelitt, -en [puliumüe'litt]

Knie	kne, -et, knær [kneh]
Knöchel	ankel, -en, ankler ['ankel]
Knochen	knokkel, -en, knokler ['knockel]
Knochenbruch	knokkelbrudd, -et, - ['knockelbrüdd]
Kolik	kolikk, -en [ku'lick]
Kopf	hode, -et, -er ['huhde]
Kopfschmerzen	hodepine, -en ['huhdepihne]
Krampf	krampe, -en ['krampe]
krank	sjuk [schühk], syk [sühk]
Krankenhaus	sjukehus, -et, - ['schühkehühs]
Krankenschein	sjukeattest, -en, -er ['schühkeattesst]
Krankenschwester	sjukesøster, -a/-en, -søstrer ['schühkessösster]
Krankheit	sjukdom, -men, -mer [schühkdumm]
Krebs	kreft, -en [krefft]
Kreislaufstörung	problemer med blodomløpet [pru'blehmer meh 'bluomlöhpe]
Lähmung	lammelse, -en, -er ['lammelse]
Lebensmittelvergiftung	matforgiftning, -en, -er ['mahtforrjifftning]
Leber	lever, -en, levrer ['lewer]
Leistenbruch	lyskebrokk, -en ['lüsskebrock]
Lippe	leppe, -a/-en, -er ['leppe]
Loch (im Zahn)	hull, -et, - [hüll]
Lunge	lunge, -a/-en, -er ['lunge]
Magen	mage, -en, -er ['mahge]
Magenschmerzen	magesmerter (pl) ['mahgesmärrter]
Mandeln	mandler (pl) ['manndler]
Masern	meslinger (pl) ['meschlinger]
Menstruation	menstruasjon, -en, -er [mennssträa'schuhn]
Migräne	migrene, -en [mi'grehne]
Mittelohrentzündung	ørebetennelse, -en ['öhrebettennelse]
Mumps	kusma, -en ['küssma]
Mund	munn, -en, -er [münn]
Muskel	muskel, -en, muskler ['müsskel]
Narbe	arr, -et, - [arr]
Narkose	narkose, -en, -er [nar'kuhsse]
Nase	nese, -a/-en, -er ['nehsse]
Nerv	nerve, -a/-en, -er ['närrwe]
nervös	nervøs [när'wöhs]
Nierenentzündung	nyrebetennelse, -en, -er ['nührebettennelse]
Nierenstein	nyrestein, -en, -er ['nühresstäin]
Ohnmacht	besvimelse, -en [be'sswihmelse]
Ohr	øre, -et, -er ['öhre]
Operation	operasjon, -en, -er [upera'schuhn]
Pilzinfektion	soppinfeksjon [soppinfekschon]
Plombe	plombe, -en, -er ['plummbe]

Pocken	kopper (pl) ['kopper]
Praxis	praksis, -en ['praxiss], kontor, -et, - [kun'tuhr]
Prellung	indre kvestelser (pl) ['inndre 'kwesstelser]
Prothese	protese, -en, -er [pru'tehsse]
Puls	puls, -en [pülls]
Quetschung	kvestelse, -en, -er ['kwesstelse]
Rheuma	rheumatisme, -en [räüma'tissme]
Rippe	ribbein, -et, - ['ribbäin]
röntgen	røntgen ['rönntken]
Röteln	røde hunder ['röe 'hünner]
Rücken	rygg, -en, -er [rügg]
Rückenschmerzen	ryggsmerter (pl) ['rüggsmärrter]
Salmonellen	salmonella [ssallmun'ella]
Schädel	hodeskalle, -en, -er ['huhdeskalle], kranium, kraniet, kranier ['krahniüm]
Scharlach	skarlagensfeber, -en [skar'lahgensfehber]
Schienbein	skinnebein, -et, - ['schinnebäin]
Schlaflosigkeit	søvnløshet, -en ['söwwnlöhssheht]
Schlaganfall	slaganfall, -et, - ['schlahgannfall]
Schlüsselbein	kragebein, -et, - ['krahgebäin]
Schmerzen	smerter (pl) ['smärrter]
Schnittwunde	snittsår, -et, - ['snittsohr]
Schnupfen	snue, -en ['snüe]
Schulter	skulder, -en, skuldrer ['sküllder]
Schüttelfrost	kuldegysninger (pl) ['külldejühsninger]
Schwangerschaft	svangerskap, -en ['swangeschkahp], graviditet, -en [grawidi'teht]
Schwellung	hevelse, -en, -er ['hehwelse]
Schwindel	svimmelhet, -en ['sswimmelheht]
Sonnenstich	solstikk, -et, - ['ssuhlsstick]
Speiseröhre	spiserør, -et, - ['sspihsseröhr]
Sprechstunde	kontortid, -a/-en, -er [kun'tuhrtih]
Spritze	sprøyte, -a/-en, -er ['ssprööüte]
Stich	stikk, -et, - [sstick]
Stirnhöhlenentzündung	bihulebetennelse, -en, -er ['bihhühlebettennelse]
Stuhlgang	avføring, -en, -er ['ahwföhring]
Tetanus	stivkrampe, -en ['sstihwkrampe]
Trommelfell	trommehinne, -a/-en, -er ['trummehinne]
Typhus	tyfus, -en ['tühfüss]
Übelkeit	kvalme, -en ['kwallme]
Ultraschalluntersuchung	ultralydundersøkelse, -en, -er ['ültralühdünneschöhkelse]
Unterleib	underliv, -et ['ünnerlihw]
Untersuchung	undersøkelse, -en, -er [ünne'schöhkelse]
Urin	urin, -en [ü'rihn]

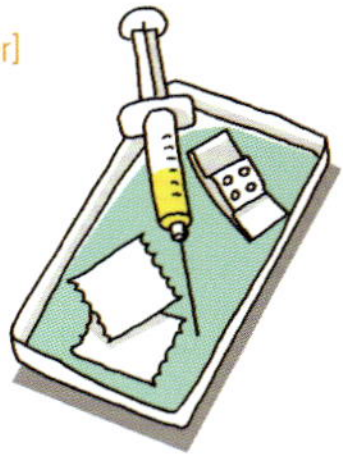

Verband	forbindingssaker (pl) [for'binningssahker]
verbinden	forbinde, forbant, forbundet [for'binne]
Verbrennung	forbrenning, -en, -er [for'brenning]
Verdauung	fordøyelse, -en [for'döüelse]
Verdauungsstörung	fordøyelsesvansker (pl) [for'döüelseswannsker]
Vergiftung	forgiftning, -en, -er [for'jiffning]
verletzen	skade, -et, -et/-a, -a ['skahde]
Verletzung	skade, -en, -er ['skahde]
verschreiben	skrive ut, skrev ut, skrevet ut [skrihwe 'üht], forordne, -et, -et/-a, -a [for'orrdne]
verstaucht	forstuet [fo'schtüet]
Verstopfung	forstoppelse, -en, -er [fo'schtoppelse]
Virus	virus, -et ['wihrüss]
Wartezimmer	venterom, -met, - ['wennterumm]
weh tun	gjøre vondt, gjorde, gjort [jöhre 'wunnt]
Windpocken	vannkopper (pl) ['wannkopper]
Wunde	sår, -et, - [ssohr]
Zahn	tann, -a/-en, tenner [tann]
Zecke	flått [flott]
Zehe	tå, -a, tær [toh]
Zerrung	forstrekning, -en, -er [fo'schtreckning]
ziehen (Zahn)	trekke, trakk, trukket ['trecke]
Zunge	tunge, -a/-en, -er [tunge]

BANK/GELDWECHSEL

Wo ist hier bitte ...	Unnskyld, hvor finner jeg … ['ünnschüll wurr 'finner jäi]
eine Bank?	en bank? [en bank]
eine Wechselstube?	et vekslingskontor? [ett 'weckschlingskuntuhr]
Ich möchte ... Euro (Schweizer Franken) in Kronen wechseln.	Jeg ville gjerne veksle euro (sveitsiske francs) i kroner. [jäi wille 'jährne weckschle 'äühru ('swäitsisske 'frang) i 'kruhner]
Ich möchte diesen Reisescheck einlösen.	Jeg ville gjerne løse inn denne reisesjekken. [jäi wille 'jährne löhsse 'inn denne 'räisseschecken]
Ihre Scheckkarte, bitte.	Ditt kontobevis, takk. [ditt 'kunntubewihs tack]
Darf ich bitte ... sehen?	Kan jeg få se …? [kann jäi fo seh ...]
Ihren Pass	passet ditt ['passe ditt]
Ihren Ausweis	legitimasjonen din [legitima'schuhnen dinn]
Würden Sie bitte hier unterschreiben?	Vil du være vennlig å underskrive her? [will dü währe 'wennli o 'ündeschkrihwe 'hähr]
Der Geldautomat akzeptiert meine Karte nicht.	Automaten aksepterer ikke kortet mitt. [automaten aksepterer icke korte mitt]

Der Geldautomat gibt meine Karte nicht mehr heraus.	Minibanken tok bankkortet mitt! ['minibanken tuck 'korte mitt]

auszahlen	betale ut, -te, -t [be'tahle]
Bank	bank, -en, -er [bank]
Betrag	beløp, -et, - [be'löhp]
Chipkarte	bankkort, -et, - [bank'kort], telekort [telekort]
Euro	euro ['äühru]
Formular	blankett, -en, -er ['blankett]
Geheimzahl	kode, -en, -er ['kuhde]
Geld	penger (pl) ['penger]
Geldautomat	pengeautomat, -en, -er ['pengeäütumaht]
Geldschein	pengeseddel, -en, -sedler ['pengesseddel]
Geldwechsel	veksling, -en ['weckschling]
Kasse	kasse, -a/-en, -er ['kasse]
Kleingeld	småpenger (pl) ['ssmohpenger]
Kreditkarte	kredittkort, -et, - [kre'dittkorrt]
Kurs	kurs, -en, -er [kühsch]
Ladeterminal	påfyllingsterminal [pofüllingsterminal]
Münze	mynt, -en, -er [münnt]
Reisescheck	reisesjekk, -en, -er ['räissescheck]
Schalter	luke, -a/-en, -er ['lühke]
Scheck	sjekk, -en, -er [scheck]
Scheckkarte	kontobevis, -et, - ['kunntubewihs]
umtauschen	veksle, -et, -et/-a, -a [wäcksle]
Währung	valuta, -en, -er [waluhta]
Wechselkurs	vekselkurs, -en, -er [wäckselkürsch]

FARBEN

Zeigebilder: Seite 4

beige	beige [behsch]
blau	blå [bloh]
braun	brun [brühn]
einfarbig	ensfarget ['ehnsfarget]
farbig	farget ['farget]
gelb	gul [gühl]
goldfarben	gyllen ['jüllen]
grau	grå [groh]
grün	grønn [grönn]
lila	lilla ['lilla]

orange	orange [o'ransch]
rosa	rosa ['ruhsa]
rot	rød [röh]
schwarz	svart [swart]
silberfarben	sølv [söll]
türkis	turkis [tür'kies]
violett	fiolett [fiu'lett]
weiß	hvit [wiht]
hellblau/hellgrün	lyseblå/lysegrønn ['lühseblo/'lühsegrönn]
dunkelblau/dunkelgrün	mørkeblå/mørkegrønn ['mörkebloh/'mörkegrönn]

FOTOGRAFIEREN

Zeigebilder: Seite 59

Dürfte ich Sie wohl fotografieren?	Kan jeg få ta et bilde av deg? [kann jäi foh ta et 'bilde aw däi]
Ist hier Fotografieren erlaubt?	Er fotografering tillatt. [Ähr fotogra'fähring 'tillatt]
Könnten Sie bitte ein Foto von uns machen?	Kan du være så snill å ta et bilde av oss? [kann dü 'währe so snill o ta et 'bilde aw oss]
Drücken Sie bitte auf diesen Knopf.	Bare trykk på knappen her. ['bahre trükk po 'knappen här]
Das ist sehr freundlich!	Det er veldig snilt, takk! [de ähr 'wälldi snillt tack]

FUNDBÜRO

Wo ist das Fundbüro, bitte?	Unnskyld, hvor er hittegodskontoret? ['ünnschüll wurr ähr 'hitteguddskuntuhre]
Ich habe ... verloren.	Jeg har mistet … [jäi hahr 'misstet]
Ich habe meine Handtasche im Zug vergessen.	Jeg har glemt håndveska mi på toget. [jäi hahr glemmt 'honnwesska mih po 'tohge]
Benachrichtigen Sie mich bitte, wenn sie gefunden werden sollte.	Kunne du være så snill å informere meg hvis den skulle bli funnet? [künne dü 'währe so snill o innfor'mehre mäi wiss denn skülle bli 'fünnet]
Hier ist meine Hotelanschrift.	Her er hotelladressen min. [hähr ähr hu'telladressen minn]

INTERNETCAFÉ

Wo gibt es in der Nähe ein Internetcafé?	Er det en internetkafé i nærheten? [ähr de ehn 'internättkafee i 'nährhehten?]
Wieviel kostet eine Stunde?/ Viertelstunde?	Hva koster det for en time/et kvarter ? [wa 'koster de for ehn 'tieme/ett 'kwartehr]
Kann ich eine Seite ausdrucken?	Kan jeg skrive ut en side ? [kann jäi 'skriewe üt ehn 'siede]
Bei mir klappt die Verbindung nicht.	Det er ingen forbindelse. [de ähr 'ingen for'binnälse]
Ich habe Probleme mit dem Computer.	Jeg har problemer med datamaskinen [jäi har pro'blehmer me 'dahtamaschinen]
Kann ich bei Ihnen Fotos von meiner Digitalkamera auf CD brennen?	Er det mulig å få brent noen digitale bilder på en CD? [ähr de 'mühli o foh brennt nuen digi'tahle 'bilder po ehn 'ssehdeh]
Haben Sie auch ein Headset zum Telefonieren?	Har dere headset? [har dere 'häddsätt]

KINDER UNTERWEGS

Gibt es auch Kinderportionen?	Har dere barneporsjoner også? [hahr dehre 'bahrnepuschuhner osso]
Könnten Sie mir bitte das Fläschchen warm machen?	Kan du være så snill å varme flaska for meg? [kann dü währe so snill o 'warrme 'flasska for mäi]
Haben Sie einen Wickelraum?	Har dere stellerom? [hahr dähre 'sstellerumm]
Bitte bringen Sie noch einen Kinderstuhl.	Han du hente en barnestol til? [kann dü hennte en 'bahrnesstuhl till]

Babybett	barneseng ['barnesäng]
Babynahrung	babymat, -en ['bäibimaht]
Babysitter	barnevakt, -a, -er ['bahrnewackt]
Fläschchenwärmer	flaskevarmer, -en, -e ['flasskewarrmer]
Kinderautositz	bilsete for barn ['bihlsehte for bahrn]
Kinderbetreuung	barnepass, -et ['bahrnepass]
Kinderermäßigung	barnemoderasjon ['bahrnemuderaschuhn]
Kindernahrung	barnemat, -en ['bahrnemaht]
Nichtschwimmer	ikke-svømmer, -en, -e ['ickeswömmer]
Planschbecken	plaskebasseng, -et, - ['plasskebasseng]
Saugflasche	tåteflaske, -a/-en, -er ['tohteflasske]
Schnuller	sutt, -en, -er [ssütt]
Schwimmflügel	svømmevinger (pl) ['swömmewinger]

Schwimmring	badering, -en, -er ['bahdering]
Spielplatz	lekeplass, -en, -er ['lehkeplass]
Spielsachen	leketøy, -et ['lehketöü]
Wickeltisch	stellebord, -et, - ['sstellebuhr]
Windeln	bleie, -a/-en, -er ['bläier]

POLIZEI

Wo ist bitte das nächste Polizeirevier?	Unnskyld, hvor er nærmeste politistasjon? ['ünnschüll wurr ähr 'närrmesste puli'tihsstaschuhn]
Ich möchte einen ... melden.	Jeg ville anmelde … [jäi wille 'annmelle]
Diebstahl	et tjuveri. [ett chühwe'rih]
Verlust	et tap. [ett 'tahp]
Unfall	en ulykke. [en 'ühlücke]
Mir ist ... gestohlen worden.	… er blitt stjålet. [... ähr blitt 'sstjohlet]
die Handtasche	Håndveska mi … ['honnwesska mih]
der Geldbeutel	Lommeboka mi … ['lummebuhka mih]
mein Fotoapparat	Fotoapparatet mitt … ['fuhtuapparahte mitt]
mein Auto	Bilen min … ['bihlen minn]
mein Fahrrad	Sykkelen min … ['ssückelen minn]
Mein Auto ist aufgebrochen worden.	Det har vært innbrudd i bilen min. [de hahr wärrt 'innbrüdd i 'bihlen minn]
Aus meinem Auto ist ... gestohlen worden.	Det er blitt stjålet … fra bilen min. [de ähr blitt 'sstjohlet ... frah 'bihlen minn]
Ich habe ... verloren.	Jeg har mistet … [jäi hahr 'misstet]
Mein Sohn/Meine Tochter ist verschwunden.	Sønnen min/Dattera mi er forsvunnet. ['sönnen minn/'dattera mi ähr foschwünnet]
Können Sie mir bitte helfen?	Kan du være så snill å hjelpe meg? [kann dü 'währe so snill o 'jelpe mäi]
Ihren Namen und Ihre Anschrift, bitte.	Ditt navn og adresse, takk. [ditt 'nawwn o a'dresse tack]
Wenden Sie sich bitte an das ...	Vend deg til det … ['wenn däi till de]
deutsche Konsulat.	tyske konsulatet. ['tüsske kunnssü'lahte]
österreichische Konsulat.	østerrikske konsulatet. ['össterihkske kunnssü'lahte]
Schweizer Konsulat.	sveitsiske konsulatet. ['swäitsisske kunnssü'lahte]

anzeigen	anmelde, -te, -t ['annmelle]
aufbrechen	bryte opp, brøt, brutt [brühte 'opp]
Autoradio	bilradio, -en, -er ['bihlrahdiu]
Autoschlüssel	bilnøkkel, -en, -nøkler ['bihlnöckel]
belästigen	plage, -et, -et/-a, -a ['plahge]
Brieftasche	lommebok, -a/-en, -bøker ['lummebuhk]

Dieb	tjuv, -en, -er [chühw], tyv [tühw]
Diebstahl	tjuveri, -et, -er [chühwe'rih], tyveri [tühwerih]
Gefängnis	fengsel, -et, - ['fengsel]
Geld	penger (pl) ['penger]
Geldbeutel	pengepung, -en, -er ['pengepung]
Gericht	rett, -en, -er [rett]
Papiere	papirer (pl) [pa'pihrer]
Personalausweis	identitetskort, -et, - [identi'tehtskorrt]
Polizei	politi [puli'tih]
Polizist/in	politimann, -en, -menn [puli'tihmann]
Rauschgift	rusgift, -en, -er ['rühssjifft]
Rechtsanwalt/anwältin	sakfører, -en, -e ['ssahkföhrer]
Reisepass	pass, -et, - [pass]
Richter/in	dommer, -en, -e ['dummer]
Scheck	sjekk, -en, -er [scheck]
Scheckkarte	kontobevis, -et, - ['kunntubewihs]
Schlüssel	nøkkel, -en, nøkler ['nöckel]
Taschendieb	lommetjuv, -en, -er ['lummechühw]
Überfall	overfall, -et, - ['ohwerfall]
Verbrechen	forbrytelse, -n, -r [for'brühtelse]
Vergewaltigung	voldtekt, -en, -er ['wollteckt]
verhaften	arrestere, -te, -t [are'sstehre]
verlieren	tape, -te, -t ['tahpe], miste, -et, -et/-a, -a ['misste]
zusammenschlagen	slå ned, slo, slått [schloh 'neh]

POST

Wo ist ...	Hvor er … [wurr ähr]
das nächste Postamt?	nærmeste postkontor? ['närrmesste 'postkuntuhr]
der nächste Briefkasten?	nærmeste postkasse? ['närrmesste 'postkasse]
Was kostet ...	Hva koster … [wah 'kosster]
ein Brief ...	et brev … [ett 'brehw]
eine Postkarte ...	et postkort … [ett 'postkorrt]
... nach Deutschland?	… til Tyskland? [till 'tüssklann]
... nach Österreich?	… til Østerrike? [till 'össterihke]
... in die Schweiz?	… til Sveits? [till 'swäits]
Diesen Brief bitte per ...	Kan dere sende dette brevet … [kann dehre 'senne dette 'brehwe]
Luftpost.	med luftpost? [meh 'lüfftpost]
Express.	ekspress? [ex'press]
Wie lange braucht ein Brief nach Deutschland?	Hvor lang tid bruker et brev til Tyskland? [wurr lang tih 'brühker ett brehw till 'tüssklann]

VON A BIS Z

Absender	avsender, -en, -e ['ahwssenner]
Adresse	adresse, -a/-en, -er [a'dresse]
ausfüllen	fylle ut, -te, -t [fülle 'üht]
Brief	brev, -et, - [brehw]
Briefkasten	postkasse, -a/-en, -er [postkasse]
Briefmarke	frimerke, -et, -er ['frihmärrke]
Briefumschlag	konvolutt, -en, -er [konnwol'lütt]
Eilbrief	ekspressbrev, -et, - [ex'pressbrehw]
Empfänger	mottaker, -en, -e ['muhtahker]
frankieren	frankere, -te, -t [frang'kehre]
Gebühr	gebyr, -et, -er [ge'bühr]
Gewicht	vekt, -a/-en [weckt]
Hauptpostamt	postterminal, -en, -er ['postärrminahl]
Leerung	tømming, -en, -er ['tömming]
Luftpost, mit	med luftpost [meh 'lüfftpost]
Paket	pakke, -a/-en, -er ['packe]
Porto	porto, -en, -er ['purrtu]
Postamt	postkontor, -et, - ['postkuntuhr]
Postkarte	postkort, -et, - ['postkorrt]
Postleitzahl	postnummer, -et, - ['postnummer]
Schalter	luke, -a/-en, -er ['lühke]

TELEFONIEREN

Ich möchte eine Telefonkarte.	Kan jeg få et telefonkort? [kann jäi foh ett telle'fuhnkorrt]
Wie ist die Vorwahl von ...?	Hva er retningsnummeret til …? [wah ähr 'rettningsnummere till ...]
Bitte ein Ferngespräch nach ...	En samtale til …, takk. [en 'sammtahle till ... tack]
Ich möchte ein R-Gespräch anmelden.	Jeg ville gjerne ha en samtale med noterings-overføring. [jäi wille 'jährne hah en 'sammtahle meh nu'tehringsohwerföhring]
Hier spricht ...	Dette er … [dette 'ähr]
Hallo, mit wem spreche ich?	Hallo, hvem snakker jeg med? [hal'lo wemm 'snacker jäi meh]
Kann ich bitte Herrn/ Frau ... sprechen?	Kan jeg få snakke med hr./fru …? [kann jäi fo 'snacke meh härr/früh]
Tut mir leid, er/sie ist nicht da.	Dessverre, han/hun er ikke her. [dess'wärre 'hann/'hünn ähr icke hähr]
Wann wird er/sie zurück sein?	Når er han/hun tilbake? [norr ähr hann/hünn till'bahke]
Würden Sie ihm/ihr bitte sagen, ich hätte angerufen?	Kunne du si til ham/henne at jeg har ringt? [künne düh 'sih till hamm/henne at jäi hah 'ringt]

abnehmen	ta telefonen, tok, tatt [tah telle'fuhnen]
Anruf	(telefon)samtale, -en, -er [(telleffuhn) 'sammtahle]
anrufen	ringe, -te, -t ['ringe]
Auskunft	Opplysning [opp'lühsning]
Auslandsgespräch	utenlandssamtale, -en, -er ['ühtenlannssammtahle]
besetzt	opptatt ['opptatt]
durchwählen	ringe direkte ['ringe 'dihrekte]
Ferngespräch	rikstelefon, -en, -er ['ricksstelleffuhn]
Gebühr	takst, -en, -er [taxt]
Gespräch	samtale, -en, -er ['sammtahle]
Handy	mobiltelefon, -en, -er [mobiltelle'fuhn]
Hörer	telefonrør, -et, - [telle'fuhnröhr]
Ortsgespräch	lokalsamtale, -en, -er [lu'kahlsammtahle]
R-Gespräch	samtale med noteringsoverføring ['sammtahle me nu'tehringsohwerföhring]
Telefon	telefon, -en, -er [telle'fuhn]
Telefonbuch	telefonkatalog, -en, -er [telle'fuhnkatalohg]
Telefongespräch	telefonsamtale, -en, -er [telle'fuhnssammtahle]
telefonieren	telefonere, -te, -t [tellefu'nehre]
Telefonkarte	telefonkort, -et, - [telle'fuhnkorrt]
Telefonnummer	telefonnummer, -et, - [telle'fuhnummer]
Telefonzelle	telefonkiosk, -en, -er [telle'fuhnchossk]
Verbindung	telefonforbindelse, -en, -er [telle'fuhnforbinnelse]
Vermittlung	telefonsentral, -en, -er [telle'fuhnssenntrahl]
Vorwahlnummer	retningsnummer, -et, - ['rettningsnummer]
wählen	slå (et nummer), slo, slått [schloh (ett 'nummer)]

WIE DIE EINHEIMISCHEN

Insider Tipp

Ohne Vorwahl

Innerhalb Norwegens wird immer, auch im Ortsgespräch, eine achtstellige Nummer ohne weitere Vorwahlnummer gewählt, wobei an den ersten zwei Zahlen oftmals zu erkennen ist, in welcher Region der Empfänger wohnt (z. B. Oslo 21, 22 oder 23) oder ob es sich um ein Handy handelt (wenn die Nummer mit 9 oder 4 beginnt). Bei Gesprächen ins Ausland benutzt man wie in anderen Ländern den Ländercode vorneweg.

HANDY | MOBILTELEFON [mobiltelle'fuhn]

Bitte eine SIM-Karte.	Et kontantkort, takk! [et kon'tantkurt tack]
Eine internationale Telefonkarte, bitte!	Et internasjonalt telefonkort, takk! ['internaschonalt tehle'fuhnkurt tack]
Wie viele Minuten kann ich mit einer Karte für … Kronen sprechen?	Hvor mange minutter kan jeg snakke med et telefonkort til … kroner? [wur 'mange mi'nütter kann jäi 'snacke me et tehle'fuhnkurt till … 'kruhner]
Für welches Gebiet gilt diese SIM-Karte?	For hvilket området gjelder dette kontantkortet? [for 'wilke 'omrohder 'jäller kon'tantkurtet]
Geben Sie mir bitte eine Tarifübersicht.	Kan jeg få en oversikt over telefontariffene ? [kann jäi foh ehn 'owersikt 'ower tehle'fohntariffene]
Haben Sie Guthabenkarten der Mobilfunkgesellschaft …?	Har du kontantkort fra … ? [hahr dü kun'tantkurt fra …]

TOILETTE UND BAD

Wo ist bitte die Toilette?	Unnskyld, hvor er toalettet? ['ünnschüll wur ähr toa'lette]
Dürfte ich wohl bei Ihnen die Toilette benutzen?	Kan jeg få lov å bruke toalettet? [kann jäi foh low o 'brühke toa'lette]
Würden Sie mir bitte den Schlüssel für die Toiletten geben?	Kan jeg få nøkkelen til toalettet? [kann jäi foh 'nöcklen till toa'lette]
Die Toilette ist verstopft.	Toalettet er tett. [tua'lette ähr tett]

Damen	Damer ['dahmer]
Damenbinden	sanitetsbind, -et, - [sani'tehtsbinn]
Handtuch	håndkle, -et, -klær ['honkleh]
Handwaschbecken	vask, -en [wask]
Herren	Herrer ['härrer]
Kabine	lugar, -en, -er [lü'gahr]
sauber	rent ['rehnt]
schmutzig	skittent ['schittend]
Seife	såpe, -a/-en, -er ['sohpe]
Stehklo	pissoar, -et [pisso'ar]
Tampons	tampong, -en, -er [tam'pong]
Toilettenpapier	toalettpapir, -et, - [toa'lettpapier]
Wasserspülung	vannskylling, -en ['wannschülling]

IMPRESSUM

Titelbild: F1online/AGE: Sylain Gramdadam
Fotos: Denis Pernath (S. 8/9, 12/13, 22/23, 54/55, 78/79, 92/93); StockFood/ J. Rynio (S. 38/39); Cortina Hotel, München (S. 68/69)
Illustrationen: Mascha Greune, München
Zeigebilder/Fotos: Lazi&Lazi; Food Collection; Comstock; stockbyte; Fisch-Informationszentrum e.V.; Fotolia/Christian Jung; Fotolia/ExQuisine; photos.com
Bildredaktion: Factor Product, München (S. 8/9, 12/13, 22/23, 38/39, 54/55, 68/69, 78/79, 92/93); red.sign, Stuttgart (S. 43–47)
Zeigebilder/Illustrationen: Factor Product, München; HGV Hanseatische Gesellschaft für Verlagsservice, München (S. 46/47, 56, 58/59, 63, 66, 73, 75)

1. Auflage 2009
© MAIRDUMONT GmbH & Co. KG, Ostfildern
© auf der Basis PONS Reisewörterbuch Norwegisch
© PONS GmbH, Stuttgart

Chefredaktion: Michaela Lienemann, MAIRDUMONT
Konzept und Projektleitung: Carolin Hauber, MAIRDUMONT

Bearbeitet von: Jens-Uwe Kumpch, Bergen
Redaktion: PONS GmbH, Stuttgart; MAIRDUMONT, Ostfildern; Barbara Pflüger, Stuttgart
Mitarbeit an diesem Werk: Jens Bey, MAIRDUMONT; Eva-Maria Hönemann, MAIRDUMONT
Satz: Fotosatz Kaufmann, Stuttgart

Kapitel Achtung! Slang:
Redaktion: MAIRDUMONT, Ostfildern; Bintang Buchservice GmbH, Berlin
Autoren: Holger Müller, Köln; Barbara Canton, Köln

Titelgestaltung: Factor Product, München
Innengestaltung: Zum goldenen Hirschen, Hamburg; red.sign, Stuttgart

Das Werk einschließlich aller seiner Teile ist urheberrechtlich geschützt. Jede urheberrechtswidrige Verwertung ist ohne Zustimmung des Verlages unzulässig und strafbar. Das gilt insbesondere für Vervielfältigungen, Übersetzungen, Nachahmungen, Mikroverfilmungen und die Einspeicherung und Verarbeitung in elektronischen Systemen.
Trotz gründlicher Recherche unserer Autoren/innen können sich manchmal Fehler einschleichen. Der Verlag kann dafür keine Haftung übernehmen.
Printed in Germany. Gedruckt auf 100% chlorfrei gebleichtem Papier.

WÖRTERBUCH

DIE 1333 WICHTIGSTEN WÖRTER

Die hinter der norwegischen Übersetzung aufgeführten Zahlen verweisen auf die entsprechenden Seiten der themenbezogenen Kapitel.

A

ab fra (og med) [frah (o meh)]
abbestellen (Zimmer-, Fahr-, Flugkarten) avbestille ['ahwbesstille] ‹-te, -t›
Abend kveld [kwell] ‹-en, -er›, aften ['afften] ‹-en, -er›; **am ~** om kvelden [omm 'kwellen]
aber men [menn]
Abfahrt avgang ['ahwgang] ‹-en, -er› >33 f., 36
Abflug avgang ['ahwgang] ‹-en, -er› >31
ablaufen løpe ut [löhpe 'ütt] ‹løp, løpt›, gå til ende [goh till 'ende] ‹gikk, gått›
ablehnen nekte ['neckte] ‹-et, -et/-a, -a›, avslå ['ahwschloh] ‹-slo, -slått›
Abreise avreise ['ahwräisse] ‹-a/-en, -er› >71
abreisen (nach) reise (til) ['räisse (till)] ‹-te, -t›
Abschied avskjed ['ahwschehd] ‹-en, -er› >14
abschleppen slepe bort [schlehpe 'burrt] ‹-te, -t› >26 f.
Absender avsender ['ahwssenner] ‹-en, -e› >105
abwärts adv nedover ['nehdohwer]
Achtung respekt [re'sspekt] ‹-en›; (bei Gefahr) Se opp! [seh 'opp] = pass på! [pass 'poh]
Adresse adresse [a'dresse] ‹-a/-en, -er› >105
Aktivurlaub aktivferie ['aktiwferiä] >85 ff.
alle (sämtliche) alle ['alle]
allein alene [al'lehne]
alles alt [allt]
als (zeitlich) da [dah]; (Vergleich) enn [enn]
also altså ['altso], så [soh]
alt gammel ['gammel]
Alter alder ['alder] ‹-en, aldre› >16
Amt (Dienststelle) kontor [kun'tuhr] ‹-et, -›
an (räumlich) ved [we], på [poh]; (zeitlich) om [omm], på [poh]
anbieten tilby ['tillbüh] ‹tilbød/tilbaud, tilbudt›
andere, der, die, das ~ andre ['anndre], **ein ~** en annen [en 'aen]
ändern endre ['enndre] ‹-et, -et/-a, -a›
anders ulik ['ühlihk], annerledes ['annerlehdes]
Anfang begynnelse [be'jünnelse] ‹-en, -er›
Angst angst [angst] ‹-en›
anhalten stoppe ['sstoppe] ‹-et, -et/-a, -a›
ankommen (an)komme, (an)kom, (an)kommet [('ann)komme] >34
Ankunft ankomst ['annkommst] >32
Anmeldung innskriving ['innskrihwing] ‹-en, -er› >69,71
Anreisetag ankomstdag ['annkommsstdahg] ‹-en, -er›
Anruf (telefon)samtale [(telleffuhn) 'sammtahle] ‹-en, -er› >106
anrufen ringe til ['ringe till] ‹-te, -t›
Anschluss forbindelse [for'binnelse] ‹-en, -er› >32 ff.
Anschrift adresse [a'dresse] ‹-a/-en, -er›
anstatt i stedet for [i 'sstehde for]
anstrengend anstrengende ['annsstrengende]
antworten svare ['swahre] ‹-te, -t›
Apotheke apotek [apu'tehk] ‹-et, -er› >56 f., 60
Appetit appetitt [ape'titt] ‹-en›
arbeiten arbeide [ar'bäide] ‹-dde, -dd/-et, -et›
ärgern, s. ~ über ergre seg over ['ärrgre säi ohwer] ‹-et, -et/-a, -a›
Arm arm [arrm] ‹-en, -er›
Art slag [schlahg] ‹-et, -›, sort [surrt] ‹-en, -er›
Arzt lege ['lehge] ‹-en, -er› >92 ff.
auch også ['osso]; **~ nicht** heller ikke ['heller icke]
auf prp på [poh]; adv (offen) åpen ['ohpen]
aufbrechen (öffnen) bryte opp [brühte 'opp] ‹brøt/braut, brutt› >103
Aufenthalt opphold ['opphollt] ‹-et, -› >34
aufgeben (Gepäck) levere inn [lewehre 'inn] ‹-te, -t›; (Post) poste ['poste] ‹-et, -et/-a, -a›
aufhören slutte ['schlütte] ‹-et, -et/-a, -a›
aufpassen (auf) passe (på) ['passe (poh)] ‹-et, -et/-a, -a›
aufstehen stå opp [ssto 'opp] ‹sto, stått›
Augenblick øyeblikk ['öüeblick] ‹-et, -›
aus (Herkunft) fra [frah]; (Material) av [ahw]
Ausfahrt utflukt ['ühtflückt] ‹-en/-a, -er›; (Autobahn) avkjøring ['ahwchöhring] ‹-en/-a, -er›
Ausflug utflukt ['ühtflückt] ‹-en, -er› >81 f.
ausfüllen fylle ut [fülle 'üht] ‹-te, -t› >105
Ausgang utgang ['ühtgang] ‹-en, -er›
Auskunft opplysning ['opplüssning] ‹-en, -er›, informasjon [innforma'schuhn] ‹-en, -er› >10 f., 22 f., 25, 31 ff., 35 f., 68, 78
Ausländer/in utlending ['ühtlenning] ‹-en, -er›
außen adv utenfor, utenpå ['ühtenfor], ['ühtenpo]
außer utenom, unntatt ['ühtenomm], ['ünntatt]
außerdem dessuten ['dessühten]
Aussicht utsikt ['ühtsickt] ‹-en, -er› >81
aussprechen uttale ['ühtahle] ‹-te, -t›

aussteigen stige av, steg av, steget av [sstihge 'ahw], gå av, gikk av, gått av [go 'ahw] >34, 36

Ausweis (Personal~) identitetskort [identi'tehtskorrt] ‹-et, -›, legitimasjonskort [legitima'schuhnskorrt] ‹-et, -›, pass [pass] ‹-et, -›

Auto bil [bihl] ‹-en, -er›, ~ **fahren** kjøre bil [chöhre 'bihl] ‹-te, -t› >25 ff.

Autopapiere bilpapirer (pl) [bihlpa'pihrer] >29, 104

B

Baby baby ['bäibi] ‹-en, -er› >102 f.

Bahnhof jernbanestasjon ['järnbahnesstaschuhn] ‹-en, -er› >33 f.

bald snart [snaht]

Bank (Geldinstitut) bank [bank] ‹-en, -er› >99 f.

Bar bar [bahr] ‹-en, -er› >82

Baum tre [treh] ‹-et, trær›

Beanstandung klage ['klahge] ‹-a/-en, -er› >40, 70

beantworten svare på ['swahre po] ‹-te, -t›, besvare [be'sswahre] ‹-te, -t›

bedeuten bety [be'tüh] ‹-dde, -dd›

Bedienung betjening [be'tjehning] ‹-en/-a›

beenden (av)slutte ['schlütte] ['ahwschlütte] ‹-et, -et/-a, -a›

befinden, s. ~ befinne seg [be'finne säi] ‹-fant, -funnet›

befreundet sein være venner [währe 'wenner] ‹var, vært›

befürchten frykte ['frückte] ‹-et, -et/-a, -a›

beginnen begynne [be'jünne] ‹-te, -t›

begleiten følge ['fölle] ‹fulgte, fulgt›, ledsage ['lehdsahge] ‹-et, -et›

begrüßen hilse på ['hillse poh] ‹-te, -t› >12

behalten beholde [be'holle] ‹-t, -t›

behindertengerecht handikapvennlig ['händikäpwennli]

Behindertentoilette handikaptoalett ['händikäptualett] ‹-et, -er›

Behörde myndighet ['münndiheht] ‹-en, -er›

bei (Sache, Ort) ved [weh]; (Person) hos [huss]

beide begge ['begge]

Beileid medfølelse ['meh(d)föhlelse] ‹-en›, kondolanse [kunndul'lannsse] ‹-en›

Beispiel eksempel [ek'ssempel] ‹-et, eksempler›; **zum ~** for eksempel [for ek'ssempel]

beißen bite ['bihte] ‹bet/beit, bitt›

beklagen, s. ~ (über) beklage seg over [be'klahge säi ohwer] ‹-et, -et/-a, -a›

belästigen plage ['plahge] ‹-et, -et/-a, -a› >103

beleidigen fornærme [for'närrme] ‹-et, -et/-a, -a›, såre [sohre] ‹-et, -et/-a, -a›

benachrichtigen underrette ['ünnerette] ‹-et, -et/-a, -a›, informere [innfor'mehre] ‹-te, -t›

benötigen trenge ['trenge] ‹-te, -t›

benutzen benytte [be'nütte] ‹-et, -et/-a, -a›; (Verkehrsmittel) ta ‹tok, tatt›

Benzin bensin [ben'sihn] ‹-en› >25 ff.

Berg fjell [fjell] ‹-et, -›

Beruf yrke ['ürrke] ‹-et, -er›

beruhigen berolige, -et, -et [be'ruhlige]

beschädigen skade ['skahde] ‹-et, -et/-a, -a›

bescheinigen attestere [atte'sstehre] ‹-te, -t›

beschlagnahmen beslaglegge [be'schlahglegge] ‹-la, -lagt›

beschließen beslutte [be'schlütte] ‹-et, -et/-a, -a›

beschweren, s. ~ (über) klage (over) ['klahge] ‹-et, -et/-a, -a/-de, -d›

besetzt (Platz) opptatt ['opptatt]

besichtigen se på ['seh po] ‹så, sett›, inspisere [innsspis'sehre] ‹-te, -t›

Besichtigung besiktigelse [be'ssicktigelse] ‹-en, -er› >78 ff.

besitzen eie ['äie] ‹-de, -d›

Besitzer eier ['äier] ‹-en, -e›

besorgen skaffe ['skaffe] ‹-et, -et/-a, -a›

bestätigen bekrefte [be'kreffte] ‹-et, -et/-a, -a›

Besteck bestikk [be'sstick] ‹-et›

Bestellung bestilling [be'sstilling] ‹-en, -er› >40 f.

bestimmt adj bestemt [be'sstemmt], **adv** sikkert ['sickert]

besuchen, jdn ~ besøke noen [bess'öhke nuen] ‹-te, -t›

Betrag beløp [be'löhp] ‹-et, -›

betreten gå inn i [goh 'inn i] ‹gikk, gått›, tråkke på ['trocke po] ‹-et, -et/-a, -a›

betrinken, s. ~ drikke seg full [dricke säi 'füll] ‹drakk, drukket›

betrügen bedra [be'drah] ‹-dro, -dratt›, lure ['lühre] ‹-te, -t›

betrunken full [füll], beruset, [be'rühsset]

Bett seng [sseng] ‹-a/-en, -er›

Bewohner innbygger ['innbügger] ‹-en, -e›

bewusstlos bevisstløs [be'wisstlöhs] >94 f.

bezahlen betale [be'tahle] ‹-te, -t›

Biene bie ['bie] ‹-a/-en, -er›

Bild bilde ['billde] ‹-et, -er›

billig billig ['billi]

bis (inn)til [('inn)till]; ~ **jetzt** hittil ['hittill]

bisschen, ein ~ litt [litt]

bitte vær så god ['wäscho'guh] >14; (Antwort auf Dank) ingen årsak [ingen 'ohschahk]; **wie ~** unnskyld ['ünnschüll] >14

Bitte bønn [bönn] ‹-a/-en, -er›

bitten, jdn um etw ~ be noen om noe ['beh nuen omm nue] ‹ba, bedt›

blau blå [bloh]

WÖRTERBUCH

bleiben (for)bli [(for)blih] ‹ble/blei, blitt›
Blitz lyn [lühn] ‹-et, -›
Blume blomst [blommsst] ‹-en, -er›
Blut blod [bluh] ‹-et› >95
Boden jord [juhr] ‹-a/-en›; **(Fuß~)** golv [gollw] ‹-et, -›
Boot båt [boht] ‹-en, -er› >86
böse ond [unn]; **(verärgert)** sint/sinna [ssinnt/'ssinna]
Botschaft **(dipl. Vertretung)** ambassade [ammbass'ahde] ‹-en, -er›
Brand brann [brann] ‹-en, -er›
brauchen trenge ['trenge] ‹-te, -t›
brechen bryte ['brühte] ‹brøt/braut, brutt›, brekke ['brecke] ‹brakk, brukket›
breit brei/bred [bräi/brehd]
Bremse bremse ['bremse] ‹-a/-en, -er› >26, 29
brennen **verb tr** brenne ['brenne] ‹-te, -t›
Brief brev [brehw] ‹-et, -› >104 f.
Brieftasche lommebok ['lummebuhk] ‹-a/-en, -bøker› >103
Brille briller ['briller] ‹pl› >61 f.
bringen **(her ~)** bringe ['bringe] ‹brakte, brakt›; **(weg ~)** ta bort [ta 'burrt] ‹tok, tatt›
Brot brød [bröh] ‹-et, -› >45, 48, 62
Bruder bror [bruhr] ‹-en, brødre›
Buch bok [buhk] ‹-a/-en, bøker›
buchstabieren stave ['sstahwe] ‹-et, -et/-a, -a›
Bucht bukt [bückt] ‹-a, -er›
Buchung bestilling, -en, -er [be'sstilling] >31 f.
Büro kontor [kun'tuhr] ‹-et, -›
Bus buss [büss] ‹-en, -er› >23, 36

C

Café kafé [ka'feh] ‹-en, -er›
Camping camping ['kämping] ‹-en› >11, 76 f.
Chef sjef [schehf] ‹-en, -er›
Club/Diskothek klubb/diskotek [klübb/disko'tek] >82
Computer data ['dahta] >59
Computerhandlung databutikk [dahtabütick] >56, 59
Cousin/e fetter ['fetter] ‹-en, -e›/kusine [kü'ssihne] ‹-a/-en, -er›

D

da **(Ort)** der [dähr]; **(Grund)** fordi [for'dih]; **(Zeit)** da [dah]
dafür sein være for (det) [währe 'for] ‹var, vært›
dagegen sein være mot (det) [währe 'muht] ‹var, vært›
daheim hjemme ['jemme]
daher **(Grund)** derfor ['därrforr]
damals den gangen ['denn gangen]
Dame dame ['dahme] ‹-en/-a, -er›
danach deretter ['dähretter]
danken takke ['tacke] ‹-et, -et/-a, -a› >14
dann da [dah], så [soh]
da sein være til stede [währe till 'sstehde] ‹var, vært›
dasselbe det samme [de 'samme]
Datum dato ['dahtu] ‹-en, -er› >19
Dauer varighet ['wahriheht] ‹-en›
dauern vare ['wahre] ‹-te, -t›
Decke **(Bett)** teppe ['teppe] ‹-et, -er›
Defekt defekt [de'fekt] >26, 29
dein(e) din [dinn] /ditt [ditt] /dine [dihne]
denken an tenke på ['tenke po] ‹-te, -t›
denn for [for]
deshalb derfor ['därrforr]
Deutsche, der/die ~ tysker ['tüssker] ‹-en, -e›
Deutschland Tyskland ['tüssklann]
dich deg [däi]
dick tjukk/tykk [chück/tück], hoven ['hohwen]
Diebstahl tjuveri [chühwe'rih] ‹-et, -er› >103 f.
diese(-r, -s) denne/dette/disse ['denne/'dette/'disse]
Ding ting [ting] ‹-en, -›
dir deg [däi]
Disko diskotek [dissku'tehk] ‹-et, -er› >82
Doktor doktor ['docktor] ‹-en, -er›
Dorf landsby ['lannsbüh] ‹-en, -er›
draußen **adv** ute ['ühte]
drin, drinnen inne ['inne]
dringend presserende [pre'ssehrende]
Drogerie fargehandel ['farrgehandel] ‹-en, -dler› >56, 58
du du [düh]
dumm dum [dumm]
dunkel mørk [mörrk]
dünn tynn [tünn]
durch **(quer)** gjennom ['jennom]; **(mittels)** ved hjelp av [we 'jelp ahw]
Durchgang gjennomgang ['jennomgang] ‹-en, -er›
Durchreise gjennomreise ['jennomräisse] ‹-a/-en, -er›
Durchreisevisum visum for gjennomreise [wihssüm for 'jennomräisse]
dürfen få (lov til) [foh ('lohw till)] ‹fikk, fått›
durstig tørst [töscht]

E

eben **(flach)** jevn [jewn]; **(zeitlich)** nettopp ['nettopp]
Ebene slette ['schlette] ‹-a, -er›
echt ekte ['eckte]
Ecke hjørne ['jöhrne] ‹-et, -er›
Ehe ekteskap ['eckteskahp] ‹-et, -›
Ehefrau kone ['kuhne] ‹-a, -er›, ['hüsstrüh]

Ehemann ektemann ['ecktemann] ‹-en, -menn›
Ehepaar ektepar ['ecktepahr] ‹-et, -›
Ei egg [egg] ‹-et, -›
Eigenschaft egenskap ['ehgenskahp] ‹-en, -er›
Eigentümer eier ['äier] ‹-en, -e›
eilig hastig ['hassti], rask [rassk]
ein(e) art en [en], ei [äi], et [ett]
Einfuhr import [im'porrt] ‹-en› > 24
Eingang inngang ['inngang] ‹-en, -er›
einige noen ['nuen]
einigen, s. ~ bli enig [bli 'ehni] ‹ble/blei, blitt›
einkaufen handle ['hannle] ‹-et, -et/-a, -a› > 54 ff.
einladen invitere [innwi'tehre] ‹-te, -t›
einmal en gang [en gang]
einreisen reise inn [räisse 'inn] ‹-te, -t›
eins én [ehn], ett [ett]
einsam ensom ['ehnssomm]
eintreten gå inn [goh 'inn] ‹gikk, gått›
Eintrittskarte inngangsbillett, -en, -er ['inngangsbillett] > 83 f.
Einwohner innbygger ['innbügger] ‹-en, -e›
Eisenbahn jernbane ['jährnbahne] ‹-en/a, -er› > 33 ff.
Elektrohandlung elektrisk forretning [e'lektrissk for'rettning], elektriske artikler [e'lektrisske ar'tickler] > 56, 59
Eltern foreldre [for'eldre] ‹pl›
Empfang (Erhalt) mottakelse ['muttahkelse] ‹-en, -er›; (Hotel) resepsjon [ressep'schuhn] ‹-en, -er› > 69 f., 72
Empfänger mottaker ['muhtahker] ‹-en, -e›
empfehlen anbefale ['annbeffahle] ‹-te, -t›
enden slutte ['schlütte] ‹-et, -et/-a, -a›
endgültig definitiv [de'fihnittiw]
endlich endelig ['endeli]
englisch engelsk ['engelsk]
Enkel/in barnebarn ['bahrnebahrn] ‹-et, -›
entdecken oppdage ['oppdahge] ‹-et, -et/-a, -a›
entfernt adv fjernt [fjährnt]
entlang langs [langs]
entscheiden avgjøre ['ahwjöhre] ‹-gjorde, -gjort›
Entschluss beslutning [be'schlüttning] ‹-en, -er›
entschuldigen unnskylde ['ünnschülle] ‹-te, -t›; **~ Sie bitte!** Unnskyld! ['ünnschüll]; **s. ~** unnskylde seg ['ünnschülle säi] > 14
Entschuldigung unnskyldning ['ünnschüllning] ‹-en, -er› > 14
enttäuscht skuffet ['sküffet]
entweder ... oder enten … eller ['enten ... 'eller]
entwickeln (Film) framkalle ['frammkalle] ‹-kalte, -kalt›
er han [hann]
Erde jord [juhr] ‹-a, -en›
Erdgeschoss første etasje ['föschte e'tahsche]
ereignen, s. ~ skje [scheh] ‹-dde, -dd›
Ereignis hendelse ['henndelse] ‹-en, -er›
erfahren (verb) erfare [är'fahre] ‹-te, -t›, få vite [fo 'wihte] ‹fikk, fått›
erfahren (adj) erfaren [är'fahren]
erfreut (über) glad (for) ['glah (forr)]
Ergebnis resultat [ressül'taht] ‹-et, -›
erhalten få [foh] ‹fikk, fått›
erhältlich, ist ~ som er å få [somm ähr o 'foh]
erholen, s. ~ komme til krefter [komme till 'kreffter] ‹kom, kommet›, bli frisk [blih 'frissk] ‹ble/blei, blitt›
erkennen erkjenne [är'chenne] ‹-te, -t›, kjenne igjen [chenne i'jenn] ‹-te, -t›
erkundigen, s. ~ forhøre seg [for'höhre säi] ‹-te, -t›
erlauben tillate ['tillahte] ‹-lot, -latt›
Erlaubnis tillatelse ['tillahtelse] ‹-en, -er›
erledigen gjøre ferdig [jöhre 'fährdi] ‹gjorde, gjort›, ordne ['orrdne] ‹-et, -et/-a, -a›
Ermäßigung rabatt [ra'batt] ‹-en, -er› > 33 f.
ernst alvorlig [all'wohrli]
erreichen nå [noh] ‹-dde, -dd›
Ersatz (Schaden~) erstatning [ä'schtattning] ‹-en, -er›
erschöpft utkjørt ['ühtchöhrt]
erschrecken skremme ['skremme] ‹-te, -t›; (erschrocken sein) være redd [währe 'redd] ‹var, vært›
ersetzen erstatte [ä'schtatte] ‹-et, -et/-a, -a›
erst først [föscht]
Erwachsene(r) voksen/voksne ['wocksen/'wocksne] ‹pl›
erzählen fortelle [for'telle] ‹-talte, -talt›
Erziehung oppdragelse ['oppdrahgelse] ‹-en›
es gibt det fins [de 'finns] ‹fantes›, det er [de 'ähr] ‹var, vært›
essbar spiselig ['sspihsseli]
Essen (Nahrung) mat [maht] ‹-en›; (Mahlzeit) måltid ['mohltihd] ‹-et, -er› > 38 ff.
etwa omkring [omm'kring], cirka ['sirrka]
etwas noe ['nue]
euch dere ['dehre]
euer, eure deres ['dehres]
Euro euro ['äühru] > 99 f.
Europa Europa [äü'ruhpa]
Europäer/in europeer [äüru'peer] ‹-en, -e›

F

Fabrik fabrikk [fa'brick] ‹-en, -er›
fahren kjøre ['chöhre] ‹-te, -t›
Fahrkarte billett [bil'lett] ‹-en, -er› > 34, 36
Fahrplan ruteplan ['rühteplahn] ‹-en, -er› > 34
Fahrrad sykkel ['ssückel] ‹-en, sykler› > 25 ff.
Fahrstuhl heis [häiss] ‹-en, -er›
Fahrt reise ['räisse] ‹-a/-en, -er›, tur [tühr] ‹-en, -er›

fallen falle ['falle] ‹falt, falt›
falsch feil [fäil]; **(betrügerisch)** falsk [fallsk]
Familie familie [fa'mihlie] ‹-en, -er›
Familienname etternavn ['etternawwn] ‹-et, -› **>24**
Farbe farge ['farrge] ‹-en, -er› **>4, 100**
faul lat [laht]; **(Obst)** råtten [rottenn]
fehlen mangle ['mangle] ‹-et, -et/-a, -a›
Fehler feil [fäil] ‹-en, -›
Feiertag helligdag ['hellidahg] ‹-en, -er› **>20 f.**
Feld mark [marrk] ‹-a/-en, -er›
Fels klippe ['klippe] ‹-en, -er›
Ferien ferie ['fehrie] ‹-en, -er›
Ferienhaus feriehus ['fehriehühs] ‹-et, -›, hytte, ['hütte] ‹-a/-en, -er› **>11, 74 f.**
Ferngespräch rikstelefon ['ricksstelleffuhn] ‹-en, -er› **>105 f.**
fertig ferdig ['fährdi]
fest fast [fasst]
Festland fastland ['fastlann] ‹-et, -›
fett feit/fet [fäit/feht]
feucht fuktig [fückti]
Feuer ild [ill] ‹-en›, bål [bohl] ‹-et, -›
Feuerlöscher brannslokker ['brannschlocker] ‹-en, -e›
Feuermelder brannalarm ['brannalarm] ‹-en, -er›
Feuerwehr brannvesen ['brannwehssen] ‹-et›
Film film [fillm] ‹-en, -er›
finden finne ['finne] ‹fant, funnet›
Firma firma ['firrma] ‹-et, -er›
Fisch fisk [fissk] ‹-en, -er› **>47, 49**
Fischgeschäft fiskehandel ['fisskehandel] ‹-en, -dler›
Flasche flaske ['flasske] ‹-a/-en, -er›
Fleisch kjøtt [chött] ‹-et› **>46, 50**
fliegen fly(ge) [flüh('flühge)] ‹fløy/flaug, fløyet/flydd›
fließen flyte ['flühte] ‹fløt/flaut, flytt›
Flirt flørt [flöhrt] ‹-en, -er› **>17 f.**
Flug flyreise ['flühräisse] ‹-a/-en, -er› **>31 ff.**
Flughafen flyplass ['flühplass] ‹-en, -er› **>31 ff.**
Flugzeug fly [flüh] ‹-et, -› **>31 ff.**
Fluss elv [ellw] ‹-a/-en, -er› **>81**
folgen følge ['fölle] ‹fulgte, fulgt›
fordern kreve ['krehwe] ‹-de, -d›
Formular formular [formü'lahr] ‹-en, -er› **>100**
fort vekk [weck]
Fotoartikel fotoartikler ['fuhtuarrtickler] **>56, 59**
fotografieren fotografere [futugra'fehre] ‹-te, -t›
Frage spørsmål ['sspöschmohl] ‹-et, -›
fragen spørre ['sspörre] ‹spurte, spurt›
frankieren frankere [frang'kehre] ‹-te, -t› **>105**
französisch fransk [frannsk]
Frau kvinne ['kwinne] ‹-a/-en, -er›; **(Anrede, vor Namen)** fru [früh]; **(Ehe~)** kone ['kuhne] ‹-a, -er›
Fräulein frøken ['fröhken] ‹-en/frøkna, frøkner›
frei fri [frih]; **(unbesetzt)** ledig ['lehdi]; **(gratis)** gratis ['grahtiss]; **im Freien** i det fri [i de 'frih]
fremd fremmed ['fremmed]
Fremde, der, die ~ den fremmede [denn 'fremmede]
Fremdenführer guide [gaid] ‹-en, -er› **>80**
Freude glede ['glehde] ‹-a/-en, -er›
freuen, s. ~ auf/über glede seg til/over ['glehde säi till/ohwer] ‹-et, -et/-a, -a›
Freund/in venn [wenn] ‹-en, -er›/venninne [wen'ninne] ‹-a/-en, -er›
freundlich vennlig ['wennli]
Freundlichkeit vennlighet ['wennliheht] ‹-en›
Friede fred [freh(d)] ‹-en›
frieren fryse ['frühsse] ‹frøs/fraus, frosset›
frisch frisk [frissk]; **(neu)** fersk [fäschk], ny [nüh]; **(Wäsche)** rein [räin]
Frisör frisør [fris'söhr] ‹-en, -er› **>56, 60 f.**
froh glad [glah]
früh tidlig ['tihdli]
Frühstück frokost ['fruhkosst] ‹-en, -er› **>48, 70, 72**
fühlen føle ['föhle] ‹-te, -t›
Führer (für Fremde) guide [gaid] ‹-en, -er›
Führerschein førerkort ['föhrerkorrt] ‹-et, -› **>24, 29**
Führung omvisning ['ommwihsning] ‹-en, -er› **>79 f.**
Fundbüro hittegodskontor ['hitteguddskuntuhr] ‹-et, -› **>101**
funktionieren fungere [fün'gehre] ‹-te, -t›
für for [for], til [till]
fürchten frykte ['frückte] ‹-et, -et/-a, -a›
fürchterlich fryktelig ['frückteli]

G

Gabel gaffel ['gaffel] ‹-en, gafler›
Gang (Auto) gir [gihr] ‹-et, -›; **(Durchgang)** gjennomgang ['jennomgang] ‹-en›; **(Essen)** rett [rett] ‹-en, -er›; **(Flur)** gang [gang] ‹-en, -er›
ganz adj hel [hehl], adv helt [hehlt]
Garage garasje [ga'rahsche] ‹-en, -er›
Garantie garanti [garan'tih] ‹-en, -er›
Garten hage ['hahge] ‹-en, -er›
Gast gjest [jesst] ‹-en, -er›
Gastgeber/in vert [wärrt] ‹-en, -er›/vertinne [wät'inne] ‹-a/-en, -er›
Gasthaus, Gasthof hotell [hu'tell] ‹-et, -er›, gjestgiveri
Gebäude bygning ['büngning] ‹-en, -er› **>80**
geben gi [jih] ‹ga, gitt›
Gebet bønn [bönn] ‹-a/-en, -er›
Gebirge fjell (pl) [fjell] **>81**
geboren født [fött]

Gebühr gebyr [ge'bühr] ‹-et, -er›; takst [taxt] ‹-en, -er›
Geburt fødsel ['föttsel] ‹-en, fødsler›
Geburtstag fødselsdag ['föttselsdahg] ‹-en, -er›
Geburtsdatum fødselsdato ['föttselsdahtu] ‹-en, -er› > 24
Geburtsname fødselsnavn ['föttselsnawwn] ‹-et, -› > 24
Geburtsort fødested ['föhdesstehd] ‹-et, -er› > 24
Gedanke tanke ['tanke] ‹-en, -er›
gefährlich farlig ['fahrli]
Gefallen tjeneste ['tjehnesste] ‹-en, -er›; **jdm einen ~ tun** gjøre en en tjeneste ['jöhre ehn en 'tjehnesste] ‹gjorde, gjort›
Gefängnis fengsel ['fengsel] ‹-et, -› > 104
Gefühl følelse ['föhlelse] ‹-en, -er›
gegen **(wider; in Richtung auf)** mot [muht]; **(zeitlich)** bortimot ['burrtimuht]
Gegend område ['ommrohde] ‹-et, -er›
geheim hemmelig ['hemmeli]
gehen gå [goh] ‹gikk, gått›
gehören tilhøre ['tillhöhre] ‹-te, -t›
Geistlicher prest [presst] ‹-en, -er›
gelb gul [gühl]
Geld penger ['penger] ‹pl› > 99 f.
Geldautomat pengeautomat ['pengeäütumaht] ‹-en, -er› > 99 f.
Geldbeutel pengepung ['pengepung] ‹-en, -er›
Geldstück mynt [münnt] ‹-en, -er›
Geldwechsel veksling ['weckschling] ‹-en› > 99 f.
Gelegenheit anledning [ann'lehdning] ‹-en, -er›
gemeinsam felles ['felless]
gemischt blandet ['blannet]
Gemüse grønnsaker ['grönnsahker] > 43, 50 f., 64
genau nøyaktig [nöü'ackti], presis [pres'sihs]
genießen nyte ['nühte] ‹nøt/naut, nytt›
genug nok [nock]
geöffnet åpnet ['ohpnet]
Gepäck bagasje [ba'gahsche] ‹-en› > 32 ff.
geradeaus rett fram ['rett 'framm]
Gericht **(Essen, Justiz)** rett [rett] ‹-en, -er›
gern gjerne ['jährne]
Geruch lukt [lückt] ‹-a/-en, -er›
Geschäft forretning [for'rettning] ‹-a/-en, -er› > 54 ff.
Geschenk gave ['gahwe] ‹-a/-en, -er›
Geschichte historie [his'tuhrie] ‹-a/-en, -er›
geschlossen stengt [sstengt]
Geschmack smak [ssmahk] ‹-en, -er›
Geschwindigkeit fart [farrt] ‹-en›
Gesellschaft **(Party)** selskap ['ssellskahp] ‹-et, -›; **(Staat)** samfunn ['ssammfünn] ‹-et, -›
Gespräch samtale ['ssammtahle] ‹-en, -er›
gesund frisk [frissk]
Gesundheit helse ['helse] ‹-a/-en›
Getränk drikk [dricke] ‹-en, -er› > 40, 42, 47, 52
getrennt skilt [schillt], separert [ssepa'rehrt]
Gewicht vekt [weckt] ‹-a/-en, -er›
gewinnen vinne ['winne] ‹vant, vunnet›
Gewitter tordenvær ['turrdenwähr] ‹-et, -›
Gift gift [jifft] ‹-a/-en, -er›
Gipfel topp [topp] ‹-en, -er›
Gitarre gitar [gi'tahr] ‹-en, -er›
Glas glass [glass] ‹-et, -›
Glaube tro [truh] ‹-en, -er›/tru [trüh] ‹-a, -er›
glauben tro/tru [truh], [trüh] ‹-dde, -dd›
Glück lykke ['lücke] ‹-en/-a, -er›
glücklich lykkelig ['lückeli]
Glückwunsch lykkeønskning ['lückönnskning] ‹-en, -er› > 14
Gott gud [gühd] ‹-en, -er›
Gottesdienst gudstjeneste ['güddsstjehnesste] ‹-en, -er› > 80
Grab grav [grahw] ‹-a/-en, -er›
Grad grad [grahd] ‹-en, -er›
gratulieren gratulere [gratül'lehre] ‹-te, -t›
grau grå [groh]
Grenze grense ['grennsse] ‹-a/-en, -er› > 24
groß stor [sstuhr]
Größe **(Ausdehnung)** omfang ['ommfang] ‹-et›; **(Kleidung, Schuhe)** størrelse ['sstörrelse] ‹-en, -er›
Großmutter bestemor ['besstemuhr] ‹-a/-en, -mødre›
Großvater bestefar ['besstefahr] ‹-en, -fedre›
grün grønn [grönn]
Grund grunn [grünn] ‹-en, -er›, årsak ['ohschahk] ‹-en/-a, -er›
grüßen hilse ['hillse] ‹-te, -t›
gültig gyldig ['jülldi] > 24
gut god [guh], bra [brah]

H

Haar hår [hohr] ‹-et› > 60 f.
haben ha [hah] ‹hadde, hatt›
Hafen havn [hawwn] ‹-a/-en, -er› > 35
halb halv [hall]
hallo hallo [hal'luh]
halt! stopp! [sstopp]
halten **(fest~)** holde ['holle] ‹-t, -t›; **(dauern)** vare ['wahre] ‹-te, -t›; **(stehen bleiben)** stoppe ['sstoppe] ‹-et, -et/-a, -a›
Haltestelle stoppested ['sstoppesstehd] ‹-et, -er›, holdeplass ['holleplass] ‹-en, -er› > 36 f.
Handy mobiltelefon [mobiltelle'fuhn] ‹-en, -er› > 107
hart hard [hahr]
hässlich stygg [sstügg]
häufig ofte ['offte], hyppig ['hüppi]
Haus hus [hühs] ‹-et, -›
Hausbesitzer huseier ['hühssäier] ‹-en, -e› > 74
hausgemacht hjemmelaget ['jemmelahget] > 42

> www.marcopolo.de/norwegisch

Haushaltswaren husholdningsvarer [hühss'hollningswahrer] >75 ff.
Heimat hjemsted ['jemmssteh(d)] ‹-et, -er›
heimlich hemmelig ['hemmeli]
Heimreise hjemreise ['jemmräisse] ‹-a/-en, -er›
heiraten gifte seg ['jiffte säi] ‹-et, -et/-a, -a›
heiß varm [warrm], het [heht]
heißen hete ['hehte] ‹het/hette, hett›
heiter (Wetter) klar [klahr]
Heizung varme ['warrme] ‹-en› >70, 72
hell lys [lühs]
herein! kom inn! [komm 'inn]
Herkunft opprinnelse [upp'rinnälse] >16
Herr herre ['härre] ‹-en, -er›
heute i dag [i 'dahg]
hier her [hähr]
Hilfe (> auch Erste ~) hjelp [jelp] ‹-a/-en›; førstehjelp ['föschtejelp] ‹-a/-en›
Himmel himmel ['himmel] ‹-en, himler›
hinlegen legge bort [legge 'burrt] ‹la, lagt›
hinsetzen, s. ~ sette seg ['sette säi] ‹satte, satt›
hinter bak [bahk]
hoch høy/høg [höü]
Hochzeit (Feier) bryllup ['brüllüp] ‹-et, -›
hoffen håpe ['hohpe] ‹-et, -et/-a, -a›
höflich høflig ['höffli]
Höhe høyde ['höüde] ‹-en, -er›
Holz tre [treh] ‹-et›; (Brenn~) ved [weh] ‹-en›
Honorar honorar [hunur'rahr] ‹-et, -›
hören høre ['höhre], ['höhre po] ‹-te, -t›
Hotel hotell [hu'tell] ‹-et, -› >8 ff., 68 ff.
hübsch pen [pehn]
Hügel bakke ['backe] ‹-en, -er›
Hund hund [hünn] ‹-en, -er›
Hunger sult [süllt] ‹-en›
hungrig sulten ['süllten]
Hütte hytte ['hütte] ‹-a, -er›

I

ich prn jeg [jäi]
Idee idé [i'deh] ‹-en, -er›
ihr (pers prn; poss prn f) Pers prn nom pl: dere ['dehre]; dat sg: henne ['henne]; poss prn: hennes ['hennes], pl: deres ['dehres], (subjektbezogen) sin [sinn]
Imbiss lett måltid [lett 'mohltihd] ‹-et, -er›, matbit ['mahtbiht] ‹-en, -er›
immer alltid ['allti(d)]
in i [ih]
inbegriffen medregnet ['meh(d)räinet]
informieren informere [innfor'mehre] ‹-te, -t›
Inhalt innhold ['innholl] ‹-et›
innen innenfor ['innenfor]
Innenstadt sentrum ['senntrüm] ‹-et, sentra›
innerhalb (zeitlich) innen ['innen]
Insel øy [öü] ‹-a, -er›
Internet internett [internett]
irren, s. ~ ta feil [tah 'fäil] ‹tok, tatt›
Irrtum feiltagelse ['fäilfahgelse] ‹-en, -er›

J

Jahr år [ohr] ‹-et, -›
Jahreszeit årstid ['ohschtih] ‹-a/-en, -er› >20
jede(-r, -s) adj: hver [währ]; prn: enhver [enn'währ]
jemand noen ['nuen]
jetzt nå [noh]
Jugendherberge ungdomsherberge ['ungdummsshährberrge] ‹-et, -er›, vandrerhjem ['wanndrerjemm] ‹-met, -› >77
jung ung [ung]
Junge gutt [gütt] ‹-en, -er›
Junggeselle ungkar ['ungkahr] ‹-en, -er›

K

Kabine lugar [lü'gahr] ‹-en, -er›; (Umkleide~) avlukke ['ahwlucke] ‹-et, -er›, omkledningsrom ['ommklehdningsrumm] ‹-met, -›
Kaffee kaffe ['kaffe] ‹-en› >48, 52 f.
kalt kald [kall]
Kanal kanal [ka'nahl] ‹-en, -er›
kaputt i stykker [i 'sstücker]
Käse ost [usst] >45, 48, 64
Kasse kasse ['kasse] ‹-a/-en, -er›
Katze katt [katt] ‹-en, -er›
Kauf kjøp [chöhp] ‹-et, -›
kaufen kjøpe ['chöhpe] ‹-te, -t›
Kaution kausjon [käü'schuhn] ‹-en, -er›
kein ingen ['ingen]
keine(-r, -s) ingen ['ingen], ikke noe(n) ['icke nue(n)]
keinesfalls på ingen måte [po 'ingen 'mohte]
Kellner/in kelner ['kellner] ‹-en, -e›
kennen kjenne ['chenne] ‹-te, -t›
kennen lernen lære å kjenne ['lähre o 'chenne] ‹-te, -t› >12 f.
Kind barn [bahrn] ‹-et, -›
Kino kino ['chihnu] ‹-en, -er› >83 f.
Kirche kirke ['chirrke] ‹-en, -er› >81
Kissen pute ['pühte] ‹-a/-en, -er›
Kleidung påkledning ['pohklehdning] ‹-en, -er› >62 f.
klein liten ['lihten]
Kleingeld småpenger (pl) ['smohpenger] >100
Klima klima ['klihma] ‹-et›
Klingel ringeklokke ['ringeklocke] ‹-a/-en, -er›
klingeln ringe ['ringe] ‹-te, -t›
klug klok [kluhk]
Kneipe vertshus ['werrtsshühs] ‹-et, -›, kro [kruh] ‹-en, -er›, kafé [ka'feh] ‹-en, -er› >82 f.
knipsen knipse ['knippsse] ‹-et, -et/-a, -a›

kochen lage mat [lahge 'maht] ‹-et, -et/-a, -a›; (Wasser) koke ['kuhke] ‹-te, -t›
Koffer koffert ['kuffert] ‹-en, -er›
Kohle kull [küll] ‹-et›
kommen komme ['komme] ‹kom, kommet›
Kompass kompass [kum'pass] ‹-et, -›
Komplimente komplimenter [kompli'manger] > 15 f.
Kondom kondom [kun'duhm] ‹-et, -›
Konfession trosbekjennelse ['truhsbechennelse] ‹-en, -er›
können kunne ['künne] ‹kunne, kunnet›
Konsulat konsulat [kunnssü'laht] ‹-et, -er›
Kontakt kontakt [kun'tackt] ‹-en, -er›
kontrollieren kontrollere [kuntru'lehre] ‹-te, -t›
Konzert konsert [kun'särrt] ‹-en, -er› > 83 f.
Körper kropp [kropp] ‹-en, -er› > 94 ff.
kosten koste ['kosste] ‹-et, -et/-a, -a›
krank sjuk/syk [schühk/ssühk] > 94 ff.
Krankenhaus sjukehus ['schühkehühs] ‹-et, -› > 95
Krankenwagen sjukebil ['schühkebihl] ‹-en, -er›, ambulanse [ammbü'lannsse] ‹-en, -er›
Krankheit sjukdom [schühkdumm] ‹-men, -mer› > 94 ff.
Kreditkarte kredittkort [kre'dittkorrt] ‹-et, -› > 54, 71, 100
Krieg krig [krihg] ‹-en, -er›
kritisieren kritisere [kritis'sehre] ‹-te, -t›
Küche kjøkken ['chöcken] ‹-et, -›
kühl kjølig ['chöhli]
Kultur kultur [kül'tühr] ‹-en, -er› > 78 ff.
Kummer sorg [sorrg] ‹-a/-en, -er›
kümmern, s. ~ um ta seg av [tah säi 'ahw] ‹tok, tatt›
Kurs (Unterricht) kurs [kühsch] ‹-et, -›; (Wechsel~, Richtung) kurs ‹-en, -er› > 100
Kurve sving [swing] ‹-en, -er›
kurz kort [korrt]
kürzlich nylig ['nühli], nyss [nüss]
Kuss kyss [chüss] ‹-et, -›
küssen kysse ['chüsse] ‹-et, -et/-a, -a›
Küste kyst [chüsst] ‹-en, -er› > 35

L

lachen le [leh] ‹lo, ledd›
Laden butikk [bü'tick] ‹-en, -er›, forretning [for'rettning] ‹-a/-en, -er›
Lage situasjon [sitüa'schuhn] ‹-en, -er›; (eines Ortes) beliggenhet [be'liggenheht] ‹-en, -er›
Land land [lann] ‹-et, -›
Landkarte kart [karrt] ‹-et, -› > 67
Landschaft landskap ['lannskap] ‹-et, -› > 81
lang lang [lang]
Länge lengde ['lengde] ‹-en/-a, -er›
langsam langsom ['langsom]
langweilig kjedelig ['chehdeli]
Lärm bråk [brohk] ‹-et›
lästig plagsom ['plahgsomm]
laufen løpe ['löhpe] ‹løp, løpt›
laut høy/høg [höü]
Lautsprecher høyttaler ['höüttahler] ‹-en, -e›
Leben liv [lihw] ‹-et, -›
Lebensmittel dagligvarer ['dahgliwahrer] ‹pl› > 62, 64
ledig ugift ['üjifft] > 24
leer tom [tumm]
legen legge ['legge] ‹la, lagt›
leicht lett [lett]
leider dessverre [dess'wärre]
leihen låne ['lohne] ‹-te, -t›; (verleihen) låne ut [lohne 'üht] ‹-te, -t›; (entleihen) låne av ['lohne ahw] ‹-te, -t›
leise stille ['sstille], (~ sprechen) snakke lavt [snacke 'lahwt] ‹-et, -et›
Leiter/in leder ['lehder] ‹-en, -e›
lesen lese ['lehsse] ‹-te, -t›
letzte(-r, -s) siste ['ssisste]
Licht lys [lühs] ‹-et, -›
lieb søt [ssöht], snill [ssnill]
lieben elske ['ellske] ‹-et, -et/-a, -a›
liebenswürdig elskverdig [ellsk'wärrdi]
lieber heller ['heller]; **~ haben** foretrekke ['fohretrecke] ‹-trakk, -trukket›
Lied sang [sang] ‹-en, -er›
liegen ligge ['ligge] ‹lå, ligget›
links til venstre [till 'wennsstre]
Loch hull [hüll] ‹-et, -›
Löffel skje [scheh] ‹-en/-a, -er›
Lohn lønn [lönn] ‹-a/-en›
löschen slokke ['schlocke] ‹-te, -t›
Luft luft [lüfft] ‹-a/-en›
Lüge løgn [löünn] ‹-a/-en, -er›
lustig lystig ['lüssti], glad [glah]

M

machen (herstellen) lage ['lahge] ‹-de, -d›; gjøre ['jöhre] ‹gjorde, gjort›
Mädchen jente ['jennte] ‹-a, -er›
Mahlzeit måltid ['mohltihd] ‹-et, -er›
man man [mann], en [ehn]
manchmal iblant [i'blannt]
Mangel (Fehlen) mangel ['mangel] ‹-en, mangler›; (Fehler) feil [fäil] ‹-en, -›
Mann mann [mann] ‹-en, menn›
männlich mannlig ['mannli]
Markt marked ['marrkedd] ‹-et, -er› > 56, 81
Maschine maskin [ma'schihn] ‹-en, -er›
Maß mål [mohl] ‹-et, -›
Medikament medikament [medika'ment] ‹-et, -er› > 57, 60
Meer hav [hahw] ‹-et, -›

mehr mer [mehr]; **~ als** mer enn [mehr enn]
mein(e) min [minn]
meinen mene ['mehne] ‹-te, -t›
Meinung mening ['mehning] ‹-en, -er›
Mensch menneske ['mennesske] ‹-et, -er›
merken merke ['märrke] ‹-et, -et/-a, -a›; **s. etwas ~** merke seg noe ['märrke säi nue] ‹-et, -et/-a, -a›
Messe messe ['messe] ‹-a/-en, -er›
Messer kniv [knihw] ‹-en, -er›
mich meg [mäi]
Miete leie ['läie] ‹-a/-en, -er›
mieten leie (ut) ['läie] ‹-de, -d›
Mietwagen leiebil ['läiebiel] **>31**
minus minus ['mihnüss]
Minute minutt [mi'mütt] ‹-et, -er›
mir meg [mäi]
missverstehen misforstå ['missfoschtoh] ‹-sto, -stått›
mit med [meh]
mitbringen ta med [tah 'meh] ‹tok, tatt›
mitnehmen ta med [tah 'me] ‹tok, tatt›
Mittag middag ['middag] ‹-en, -er›
Mittagessen lunsj [lönnsch] ‹-en, -er› **>38 ff.**
Mitte midte ['mitte] ‹-en›
mitteilen meddele ['mehdehle] ‹-te, -t›
Mittel middel ['middel] ‹-et, midler› **>57, 60**
Möbel møbel ['möhbel] ‹-et, møbler›
Mode mote ['muhte] ‹-en, -er› **>62 f.**
modern moderne [mu'dährne]
mögen **(gern haben)** like ['lihke] ‹-te, -t›; **(möchte)** ville gjerne ['wille 'jährne] ‹ville, villet›
möglich mulig ['mühli]
Moment øyeblikk ['öüeblick] ‹-et, -›
Monat måned ['mohned] ‹-en, -er› **>20**
Mond måne ['mohne] ‹-en, -er›
Morgen morgen ['moern] ‹-en, -er›
morgens om morgenen [omm 'moernen]
Motor motor ['muhtur] ‹-en, -er› **>26, 29**
Motorrad motorsykkel ['muhtuschückel] ‹-en, -sykler› **>25 ff.**
Mücke mygg [mügg] ‹-en, -er›
müde trøtt [trött]
Mühe møye ['möüe] ‹-en›, besvær [be'sswähr] ‹-et›
Müll søppel ['söppel] ‹søpla›, avfall ['ahwfall] ‹-et› **>74**
Münze mynt [münnt] ‹-en, -er› **>100**
Museum museum [mü'se{uquer}m] ‹-et, museer› **>79, 81**
Musik musikk [mü'sick] ‹-en›
müssen måtte ['motte] ‹måtte, måttet›
Mutter mor [muhr] ‹-a/-en, mødre›

N

nach prp (zeitlich) etter ['etter]; **(räumlich)** til [till]; **~ Norwegen** til Norge [till 'norrge]
Nachbar/in nabo ['nahbu] ‹-en, -er›, granne ['granne] ‹-en, -er›
nachher adv etterpå ['etterpo], siden ['sihden]
nachmittags om ettermiddagen [omm 'ettermiddagen]
Nachricht nyhet ['nühheht] ‹-en, -er›, melding ['mellding] ‹-en/-a, -er›
nächste(-r, -s) neste [nesste]
Nacht natt [natt] ‹-a/-en, netter›; **bei ~** om natta [omm 'natta], **heute ~** i natt [i natt]
Nachtclub nattklubb ['nattklübb] ‹-en, -er› **>82 f.**
nackt naken ['nahken]
nahe nær [nähr]
Nahverkehr lokaltrafikk [lu'kahltraffick] ‹-en,› **>36 f.**
Name navn [nawwn] ‹-et, -› **>13**
nass våt [woht]; **(durchnässt)** gjennomvåt ['jennomwoht]
Nation nasjon [na'schuhn] ‹-en, -er›
Natur natur [na'tühr] ‹-en›
neben prp ved siden av [we 'sihden ahw]
Neffe nevø [ne'wöh] ‹-en, -er›
nehmen ta [tah] ‹tok, tatt›
nennen nevne ['newne] ‹-te, -t›, kalle ['kalle] ‹-te, -t›
nervös nervøs [ner'wöhs]
nett søt [söht]; **(freundlich)** hyggelig ['hüggeli]
neu ny [nüh]
neugierig nysgjerrig [nü'schärri]
nicht ikke ['icke]
Nichte niese [ni'ehsse] ‹-a/-en, -er›
nichts ingenting ['ingenting]
nie aldri ['alldri]
nieder, niedrig lav/låg [lahw/lohg]
niemand ingen ['ingen]
nirgends ingen steder ['ingen 'sstehder]
noch enda ['ennda]
Norden Norden ['nurrden]
normal normal [nur'mahl]
Notausgang nødutgang ['nöhdühtgang] ‹-en, -er› **>32**
Notbremse nødbremse ['nöhdbremse] ‹-a/-en, -er› **>34**
nötig nødvendig [nöd'wenndi]
Notrufsäule nødtelefon ['nöhdtelleffuhn] ‹-en, -er› **>29**
Nummer nummer ['nummer] ‹-et, -›
nur bare ['bahre]

O

ob om [omm]
oben oppe ['oppe]
Ober (Anrede) kelner ['kellner] ‹-en, -e›
Obst frukt [frückt] ‹-a/-en, -er› > 44, 51
oder eller ['eller]
Ofen ovn [owwn] ‹-en, -er›
offen åpen ['ohpen]
öffentlich offentlig ['offenntli]
öffnen åpne ['ohpne] ‹-et, -et/-a, -a›
oft ofte ['offte]
ohne uten ['ühten]
ohnmächtig bevisstløs [be'wisstlöhs]
Onkel onkel ['onkel] ‹-en, onkler›
Optiker optiker ['opptiker] ‹-en, -e› > 56, 61 f.
Ort sted [ssteh(d)] ‹-et, -er›
Ortschaft landsby ['lannsbüh] ‹-en, -er›
Osten østen ['össten]
Österreich østerrike ['össterihke]
Österreicher/in østerriker ['össterihker] ‹-en, -e›
Ozean osean [usse'ahn] ‹-et, -›

P

Paar, ein ~ par [pahr] ‹-et, -›; (Ehe~) ektepar ['ecktepahr] ‹-et, -›
Päckchen småpakke ['smohpacke] ‹-a/-en, -er›
packen pakke ['packe] ‹-et, -et/-a, -a›
Paket pakke ['packe] ‹-a/-en, -er› > 105
Panne uhell ['ühhell] ‹-et, -› > 26, 29
Papiere papirer (pl) [pa'pihrer] > 29, 104
Park park [parrk] ‹-en, -er›
parken parkere [par'kehre] ‹-te, -t› > 25
Pass (Ausweis; Gebirge) pass [pass] ‹-et, -›
Passagier passasjer [passa'schehr] ‹-en, -er›
passieren passere [pass'ehre] ‹-te, -t›
Passkontrolle passkontroll ['passkunntroll] > 24
Pension pensjonat [pangschu'naht] ‹-et, -er› > 10 f., 68 ff.
Personalausweis identitetskort [identi'tehtskorrt] ‹-et, -›, legitimasjonskort [legitima'schuhnskorrt] ‹-et, -› > 24
Personalien personalier [peschu'nahlier] ‹pl›
Pfand pant [pannt] ‹-et, -›
Pflanze plante ['plannte] ‹-a/-en, -er›
Pflicht plikt [plickt] ‹-en/-a, -er›
Platz plass [plass] ‹-en, -er›
plötzlich plutselig ['plüttseli]
Polizei politi [puli'tih] ‹-et› > 103
Portier portier [purrti'ehr] ‹-en, -er›
Postamt postkontor ['postkuntuhr] ‹-et, -› > 104 f.
Preis pris [prihs] ‹-en, -er›
Programm program [pru'gramm] ‹-met, -›
Promille promille [pru'mille] ‹-en, -er› > 30
Prozent prosent [prus'sennt] ‹-en, -er›
prüfen undersøke [ünde'schöhke] ‹-te, -t›, teste ['tesste] ‹-et, -et/-a, -a›
pünktlich punktlig ['punktli]
putzen pusse ['püsse] ‹-et, -et/-a, -a›, gjøre reint [jöhre 'räint] ‹gjorde, gjort›

Q

Qualität kvalitet [kwali'teht] ‹-en, -er›
Quelle kilde ['chillde] ‹-en, -er›
quittieren kvittere [kwi'tehre] ‹-te, -t›

R

Rabatt rabatt [ra'batt] ‹-en, -er›
Rad fahren sykle ['ssückle] ‹-et, -et/-a, -a› > 25 ff.
Radio radio ['rahdiu] ‹-en, -er›
Rampe rampe ['rampe] ‹-a/-en, -er›
Rand rand [rann] ‹-a/-en, render›, kant [kannt] ‹-en, -er›
rasch rask [rassk], hurtig [hürrti]
Rasen plen [plehn] ‹-en, -er›
Raststätte rasteplass ['rassteplass] ‹-en, -er› > 30
raten (Rat erteilen) råde ['rohde] ‹-et, -et/-a, -a›; (er~) gjette ['jette] ‹-et, -et/-a, -a›
Rathaus rådhus ['rohdhühs] ‹-et, -› > 81
rauchen røyke/røke ['röüke/'röhke] ‹-te, -t›
Raucher røykere/røkere (pl) ['röükere/'röhkere]
Raum rom [rumm] ‹-met, -›
rechnen regne ['räine] ‹-et, -et›
Rechnung regning ['räining] ‹-en/-a, -er› > 40, 71
Recht rett [rett] ‹-en, -er›
recht haben ha rett [hah 'rett] ‹-dde, -tt›
rechts til høyre [till 'höüre]
rechtzeitig adv i rett tid [i 'rett 'tih]
reden tale ['tahle] ‹-te, -t›
Regierung regjering [re'jehring] ‹-en/-a, -er›
regnen regne ['räine] ‹-et, -et/-a, -a›
reich rik [rihk]
reinigen rense ['rennsse] ‹-et, -et›
Reise reise ['räisse] ‹-a/-en, -er›
Reisebüro reisebyrå ['räissebüroh] ‹-et, -er›
Reiseführer guide [gaid] ‹-en, -er›, reisehåndbok ['räissehonnbuhk] ‹-a/-en, -bøker›
reisen (nach) reise ['räisse (till)] ‹-te, -t›
Reisepass pass [pass] ‹-et, -› > 24
Reiseroute reiserute ['räisserühte] ‹-a/-en, -er›
Reisescheck reisesjekk ['räissescheck] ‹-en, -er› > 99 f.
reklamieren reklamere [reckla'mehre] ‹-te, -t›; klage ['klahge] ‹-et, -et/-a, -a› > 40, 70
Reparatur reparasjon [repara'schuhn] ‹-en, -er›
Reservierung reservering [resser'wehring] ‹-en, -er› > 38, 69

Rest rest [resst] ‹-en, -er›
Restaurant restaurant [resstäü'rang] ‹-en, -er› >38 ff.
retten redde ['redde] ‹-et, -et›
Rettungsboot redningsbåt ['reddningsboht] ‹-en, -er› >36
Rezeption resepsjon [ressep'schuhn] ‹-en, -er› >69 f.
richtig (Gegensatz zu falsch) riktig ['rickti]; (geeignet) passende ['passende]
Richtung retning ['rettning] ‹-en, -er›
riechen lukte ['luckte] ‹-et, -et›
Rollstuhl rullestol ['rüllesstuhl] ‹-en, -er›
rot rød [röh]
Route rute ['rühte] ‹-a/-en, -er›
Rückkehr hjemkomst ['jemmkommsst] ‹-en, -er›
rufen rope ['ruhpe] ‹-te, -t›
Ruhe hvile ['wihle] ‹-en, -er›, ro ‹-en/-a›; (Stille) stillhet [sstillheht] ‹-en›
ruhig rolig ['ruhli]

S

Saal sal [ssahl] ‹-en, -er›
Sache (Ding) ting [ting] ‹-en, -›; (Angelegenheit) sak [ssahk] ‹-a/-en, -er›
sagen si [ssih] ‹sa, sagt›
Saison sesong [sses'song] ‹-en, -er›; **außerhalb der ~** utenfor sesongen ['ühtenfor sses'songen], lavsesong ['lahwssessong]
sammeln samle ['ssammle] ‹-et, -et/-a, -a›
satt mett [mett]
Satz setning ['ssettning] ‹-en, -er›
sauber rein/ren [räin/rehn]
schade, es ist ~ det var synd ['de wah 'schünn]; **wie ~** så synd [sso 'ssünn]
schaden skade ['skahde] ‹-et, -et/-a, -a›
Schadenersatz skadeserstatning ['skahdessehschtattning] ‹-en, -er›
schädlich skadelig ['skahdeli]
Schalter luke ['lühke] ‹-a/-en, -er›, skranke ['skranke] ‹-en, -er› (Strom~) (ström)bryter ['sströmmbrühter] ‹-en, -e›
schauen kikke ['chicke] ‹-et, -et/-a, -a›
Scheck sjekk [scheck] ‹-en, -er› >99 f.
schenken skjenke ['schenke] ‹-et, -et›; gi(bort) [jih(burrt)] ‹ga, gitt›
Scherz spøk [sspöhk] ‹-en, -er›
schicken sende ['ssenne] ‹-te, -t›
Schiff skip [schihp] ‹-et, -› >35 f.
Schild skilt [schillt] ‹-et, -›
schimpfen skjelle [schelle 'üht] ‹-te, -t›
Schirm skjerm [schärrm] ‹-en, -er›
schlafen sove ['ssohwe] ‹sov, sovet›
schlank slank [schlank]
schlecht dårlig ['dohrli]
schließen låse ['lohsse] ‹-te, -t›, stenge ['sstenge] ‹-te, -t›
Schloss slott [schlott] ‹-et, -› >81; (Tür) lås [lohs] ‹-en, -er›
Schlüssel nøkkel ['nöckel] ‹-en, nøkler› >70, 72, 74
schmerzen smerte ['ssmärrte] ‹-et, -et›
Schmuck smykke ['ssmücke] ‹-et, -er› >65
schmuggeln smugle ['ssmüggle] ‹-et, -et›
Schmutz skitt [schitt] ‹-en›
schmutzig skitten ['schitten]
schneiden skjære ['schähre] ‹skar, skåret›
schneien snø [ssnöh] ‹-dde, -dd›
schnell adj rask [rassk], adv raskt [rasskt]
Schnellimbiss gatekjøkken ['gahtechöcken] ‹-et, -›; snackbar ['ssnäckbahr] ‹-en, -er›
schon alt/allerede [allt/alle'rehde]
schön pen [pehn]
schrecklich skrekkelig ['skreckeli]
schreiben skrive ['skrihwe] ‹skrev/skreiv, skrevet›
Schreibwaren papirhandel [pa'pihrhandel] >67
schreien skrike ['skrihke] ‹skrek/skreik, skreket›
Schrift skrift [skrifft] ‹-et, -er›; (Hand~) skrift‹-a/-en, -er›
schriftlich skriftlig ['skrifftli]
schüchtern blyg [blühg], sky [schüh]
Schuh sko [skuh] ‹-en, -› >66
Schuld skyld [schüll], gjeld [jell] ‹-a/-en›
schulden skylde ['schülle] ‹-te, -t›
Schuss skudd [sküdd] ‹-et, -›
Schutz beskyttelse [be'schüttelse] ‹-en›
schwach svak [sswahk]
Schwager svoger ['sswohger] ‹-en, -e›
Schwägerin svigerinne [sswihger'inne] ‹-a/-en, -er›
schwanger gravid [gra'wihd]
schwarz svart [sswarrt]
Schweigen taushet ['täüssheht] ‹-en›
Schweiz Sveits [sswäits]
Schweizer/in sveitser ['sswäitser] ‹-en, -e›
schwer (Gewicht) tung [tung]; (Krankheit) alvorlig [all'wohrli]; (schwierig) vanskelig ['wannskeli]
Schwester søster ['ssösster] ‹-a/-en, -søstre›, (Kranken~) sjukesøster ['schühkessösster] ‹-a/-en, -søstre›
schwierig vanskelig ['wannskeli]
Schwimmbad svømmebasseng ['sswömmebasseng] ‹-et, -›
schwimmen svømme ['sswömme] ‹-te, -t› >85
schwindlig svimmel ['sswimmel]
schwitzen svette ['sswette] ‹-et, -et/-a, -a›
See, der ~ innsjø ['innschöh] ‹-en, -er›/vann [wann] ‹-et, -›; **die ~** hav [hahw] ‹-et, -›
sehen se [sseh] ‹så, sett›

Sehenswürdigkeiten severdigheter (pl) ['sse'wärrdihehter] >78 ff.
sehr svært [sswährt]
sein verb være ['währe] ‹var, vært›
seit siden ['ssihden]
Seite side ['ssihde] ‹-en/-a, -er›
Sekunde sekund [sse'künn] ‹-et, -›
Selbstbedienungsladen selvbetjeningsbutikk ['ssellbettjehningsbütick] ‹-en, -er›
selten sjelden ['schellden]
Sendung (Post, Radio, Fernsehen) sending ['ssenning] ‹-en/-a, -er›
setzen sette ['ssette] ‹satte, satt›
sicher sikker ['ssicker]
Sicherung sikring ['ssickring] ‹-en/-a, -er›
Sicht sikt [ssickt] ‹-en›
sie prn sg f: hun [hünn], pl: de [dih], obj: henne ['henne], pl: dem [demm]
singen synge ['ssünge] ‹sang, sunget›
sitzen sitte ['ssitte] ‹satt, sittet›
Smalltalk småprating ['smohprating] >16 f.
so slik [schlihk], så [ssoh]
sofort straks [sstracks]
sogar til og med [till o 'meh]
Sohn sønn [ssönn] ‹-en, -er›
sollen skulle ['skülle] ‹skulle, skullet›
Sonne sol [ssuhl] ‹-a/-en, -er›
Sonnenbrille solbriller ['ssuhlbriller] ‹pl›
sonnig solrik ['ssuhlrihk]
sorgen, ~ für sørge for ['ssörge for] ‹-et, -et/-a, -a›, **s. ~ um** bekymre seg om [be'chümmre ssäi omm] ‹-et, -et/-a, -a›
Souvenirs suvenirer [suwe'nierer] >66 f.
Spaß (Scherz) spøk [sspöhk] ‹-en, -›; (Vergnügen) fornøyelse [for'nöüelse] ‹-en, -er›
spät sein [ssäin]
später seinere ['ssäinere]
spazieren gehen gå tur [goh 'tühr] ‹gikk, gått›
Speisekarte spiseseddel ['sspihssesseddel] ‹-en, -sedler›, meny [me'nüh] ‹-en, -er› >48 ff.
spielen spille ['sspille] ‹-te, -t›,; (Kinder) leke/leike ['lehke/'läike] ‹-te, -t›
Spielzeug leketøy/leiketøy ['lehketöü/ 'läiketöü] ‹-et›
Sport sport [sspurrt] ‹-en› >85 ff.
Sprache språk [ssprohk] ‹-et, -›
sprechen snakke ['ssnacke] ‹-et, -et/-a, -a›
Staat stat [sstaht] ‹-en, -er›
Staatsangehörigkeit nasjonalitet [naschunali'teht] ‹-en, -er› >24
Stadt by [büh] ‹-en, -er›
Stadtplan bykart ['bühkarrt] ‹-et, -› >67, 78
Stadtrundfahrt byrundtur ['bührünntühr] ‹-en, -er› >78, 81
statt prp i stedet for [i 'sstehde for]
stattfinden finne sted [finne 'ssteh(d)] ‹fant, funnet›
stechen stikke ['ssticke] ‹stakk, stukket›
stehen stå [sstoh] ‹sto, stått›
stehen bleiben bli stående [bli 'sstoende] ‹ble/blei, blitt›
stehlen stjele ['sstjehle] ‹stjal, stjålet›
steigen stige ['sstihge] ‹steg/steig, steget›
steil bratt [bratt]
Stein stein [sstäin] ‹-en, -er›
Stelle (Ort) sted [ssteh(d)] ‹-et, -er›; (Arbeit) stilling ['sstilling] ‹-en/-a, -er›
stellen stille ['sstille] ‹-te, -t›
Stellung stilling ['sstilling] ‹-en/-a, -er›
sterben dø [döh] ‹-de, -dd›
Stern stjerne ['sstjehrne] ‹-a/-en, -er›
Stil stil [sstihl] ‹-en, -er›
still stille ['sstille]
Stimme stemme ['sstemme] ‹-a/-en, -er›
Stock stokk [sstock] ‹-en, -er›; (~werk) etasje [e'tahsche] ‹-en, -er›
stören forstyrre [fo'schtürre] ‹-et, -et›
stornieren avbestille ['ahwbesstille] ‹-te, -t› >32 f.
Störung forstyrrelse [fo'schtürrelse] ‹-en, -er›
stoßen støte ['sstöhte] ‹støtte, støtt›
Strafe straff [sstraff] ‹-en, -er›; (Geld~) bot [buht] ‹-a/-en, bøter›
Strand strand [sstrann] ‹-a/-en, strender› >85 ff.
Straße gate ['gahte] ‹-a/-en, -er›; (Land~) (lande)vei/veg [('lanne)wäi] ‹-en, -er› >30
Straßenkarte bilkart ['bihlkarrt] ‹-et, -›, veikart ['wäikarrt] ‹-et, -› >30
Strauß (Blumen) bukett [bü'kett] ‹-en, -er›
Strecke strekning ['sstreckning] ‹-en, -er›; (Bahn~) linje ‹-a/-en, -er›
Strom (Fluss) elv [ellw] ‹-a/-en, -er›; (el.) strøm [sströmm] ‹-men›
Stück stykke ['sstücke] ‹-et, -er›
studieren studere [sstü'dehre] ‹-te, -t›
Stuhl stol [sstuhl] ‹-en, -er›
Stunde time ['tihme] ‹-en, -er›
suchen søke ['ssöhke] ‹-te, -t›
Süden Syden ['ssühden]
Summe sum [ssümm] ‹-men, -mer›
Supermarkt supermarked ['ssühpermarrkedd] ‹-et, -er›

T

Tabak tobakk ['tubback] ‹-en›
Tag dag [dahg] ‹-en, -er›
Tankstelle bensinstasjon [benn'sihnsstaschuhn] ‹-en, -er› >25, 30
Tante tante ['tannte] ‹-a/-en, -er›
tanzen danse ['dannsse] ‹-et, -et/-a, -a› >82 f.
Tätigkeit virksomhet ['wirrksommheht] ‹-en, -er›
tauschen bytte ['bütte] ‹-et, -et/-a, -a›

täuschen, s. ~ ta feil [ta 'fäil] ‹tok, tatt›
Taxi taxi ['tacksi] ‹-en, -er›, drosje ['drosche] ‹-a/-en, -er› >37
Teil del [dehl] ‹-en, -er›
teilnehmen (an) delta (i) ['dehltah] ‹-tok, -tatt›
Telefon telefon [telle'fuhn] ‹-en, -er› >105 f.
telefonieren telefonere [telleffu'nehre] ‹-te, -t›, ringe ['ringe] ‹-te, -t› >105 f.
Temperatur temperatur [tempera'tühr] ‹-en, -er›
Termin tidspunkt ['tittsspungt] ‹-et, -›; (Frist) frist [frisst] ‹-en, -er›
teuer dyr [dühr]
Theater teater [te'ahter] ‹-et, -› >83 f.
tief djup/dyp [jühp/dühp]
Tier dyr [dühr] ‹-et, -›
Tisch bord [buhr] ‹-et, -›
Tochter datter ['datter] ‹-a/-en, døtre›
Tod død [döhd] ‹-en›
Toilette toalett [tua'lett] ‹-et, -er› >39, 107
Toilettenpapier toalettpapir [tua'lettpapihr] ‹-et›
tot død [döh(d)]
tragen bære ['bähre] ‹bar, båret›
träumen drømme ['drömme] ‹drømte, drømt›
traurig trist [trisst], sørgelig ['ssörrgeli]
treffen treffe ['treffe] ‹traff, truffet›
Treppe trapp [trapp] ‹-a/-en, -er›
treu tro(fast) [truh] ['truhfasst]
trinken drikke ['dricke] ‹drakk, drukket›
Trinkgeld drikkepenger (pl) ['drickepenger] >37, 41 f.
Trinkwasser drikkevann ['drickewann] ‹-et›
trotz prp tross [tross]
trotzdem likevel, til tross for ['lihkewell], [till 'tross for]
tschüs ha det! ['hahde]
tun gjøre ['jöhre] ‹gjorde, gjort›
Tunnel tunnel ['tünnel] ‹-en, -er›
Tür dør [döhr] ‹-a/-en, -er›
typisch typisk ['tühpissk]

U

U-Bahn T-bane ['tehbahne] ‹-a/-en, -er› >36 f.
Übelkeit kvalme ['kwallme] ‹-en› >94, 98
über prp (räumlich) over ['ohwer]; (von) om [omm]
überall overalt [ohwe'rallt]
überfallen overfalle ['ohwerfalle] ‹-falt, -falt›
überholen innhente ['innhennte] ‹-et, -et/-a, -a›; (mit dem Auto) kjøre forbi [chöhre for'bi] ‹-te, -t›
übernachten overnatte ['ohwernatte] ‹-et, -et/-a, -a› >8 ff., 68 ff.
überqueren gå over [go 'ohwer] ‹gikk, gått›
überrascht overraske ['ohwerassket] ‹-et, -et›
Übersee oversjøisk land ['ohweschöisk lann]
übersetzen oversette ['ohweschette] ‹-satte, -satt›
überweisen (Geld) overføre ['ohwerföhre] ‹-te, -t›
Ufer (Fluss) bredd [bredd] ‹-en, -er›; (Meer) kyst [chüsst] ‹-en, -er›
Uhr klokke ['klocke] ‹-a/-en, -er›
Uhrzeit klokka ['klocka] >18 f.
um prp (räumlich) omkring [omm'kring]; (Zeitangabe) ved [weh(d)]; (gegen) ca. ['ssirrka]
umbuchen ombestille ['ommbesstille] ‹-te, -t› >33
Umleitung omkjøring ['ommchöhring] ‹-en, -er›
umsonst gratis ['grahtiss]
umsteigen bytte (tog, buss, etc) ['bütte (tohg büss ettsetterra)] ‹-et, -et/-a, -a›
umtauschen bytte ['bütte] ‹-et, -et/-a, -a›, veksle, -et, -et/-a, -a ['weckschle] >100
Umwelt miljø [mil'jöh] ‹-et, -er›, omverden ['ummwärrden] ‹-en›
unbekannt ukjent ['ühchennt]
und og [oh]
Unfall ulykke ['ühlücke] ‹-a/-en, -er› >26 f.
unfreundlich uvennlig [ü'wennli]
ungefähr omtrent, ca. [omm'trennt]
ungern nødig ['nöhdi]
ungesund usunn ['ühssünn]
ungewiss uviss ['ühwiss]
Unglück ulykke ['ühlücke] ‹-a/-en, -er›
unglücklich ulykkelig [ü'lückeli]
ungültig ugyldig [ü'jülldi]
unhöflich uhøflig [ü'höffli]
Unkosten kostnader ['ommkosstninger] ‹pl›
unmöglich umulig [ü'mühli]
unruhig urolig [ü'ruhli]
uns oss [oss]
unschuldig uskyldig [ü'schülldi]
unser, unsere vår [wohr]
unter under ['ünn(d)er]; (zwischen) blant [blannt]
unterbrechen avbryte ['ahwbrühte] ‹-brøt, -brutt›
Unterführung tunnel ['tünnel] ‹-en, -er›, viadukt [wia'dückt] ‹-en, -er›
Unterhaltung (Gespräch) samtale ['sammtahle] ‹-en, -er›; (Vergnügen) underholdning ['ünder'hollning] ‹-en› >82 ff.
Unterkunft husly ['hühsslüh] ‹-et›, overnattingssted ['ohwernattingssteh(d)] ‹-et, -er›
Unterschied forskjell [fo'schell] ‹-en, -er›
Unterschrift underskrift ['ünneschkrifft] ‹-a/-en, -er›
Untersuchung undersøkelse ['ünne'schöhkelse] ‹-en, -er›
unterwegs underveis [ünn(d)er'wäiss]
unverschämt uforskammet ['ühfoschkammet]
unwohl uvel ['ühwell]
Urlaub ferie ['fehrie] ‹-en, -er›
Ursache årsak ['ohschahk] ‹-a/-en, -er›

V

Vater far [fahr] ‹-en, fedre›
Verabredung avtale ['ahwtahle] ‹-en, -er› > 17 f.
verabschieden, s. ~ ta avskjed [tah 'ahwschehd] ‹tok, tatt›
verändern forandre [for'anndre] ‹-et, -et/-a, -a›
Veranstaltung arrangement [arrangsche'mang] ‹-et, -› > 82 ff.
Veranstaltungskalender program [pru'gramm] ‹-met, -› > 84
verbieten forby [for'büh] ‹-bød/-baud, -budt›
Verbindung (Zug, tele) forbindelse [for'binnelse] ‹-en, -er›
verboten! forbudt! [for'bütt]
verdienen tjene ['tjehne] ‹-te, -t›
verdorben ødelagt ['öhdelackt]; (faul) råtten ['rotten]
vereinbaren bli enige om [bli 'ehnie omm], ['ahwtahle] ‹ble, blitt›
Verfassung forfatning [for'fattning] ‹-en, -er›; (Zustand) tilstand ['tillsstann] ‹-en, -er›
Vergangenheit fortid ['forrtih(d)] ‹-en/-a›
vergessen glemme ['glemme] ‹-te, -t›
Vergewaltigung voldtekt ['wollteckt] ‹-en, -er› > 104
Vergiftung forgiftning [for'jifftning] ‹-en, -er› > 99
Vergnügen fornøyelse [for'nöüelse] ‹-en, -er› > 82 ff.
verheiratet gift [jifft] > 24
Verhütungsmittel prevensjonsmiddel [prewang'schuhnsmiddel] ‹-et, -midler›
verirren, s. ~ gå seg vill [goh säi 'will] ‹gikk, gått›
Verkauf salg [sallg] ‹-et, -›
Verkehr trafikk [tra'fick] ‹-en›
Verkehrsamt turistkontor [tür'risstkun'tuhr] ‹-et, -›
verlängern forlenge [for'lenge] ‹-et, -et/-a, -a›
verlieren tape ['tahpe] ‹-te, -t›, miste ['misste] ‹-et, -et/-a, -a› > 101
verloben, s. ~ forlove seg [for'lohwe säi] ‹-et, -et/-a, -a›
Verlobte, der/die ~ forlovede [for'lohwede] ‹-en, -er›
Verlust tap [tahp] ‹-et, -›
vermieten leie ut [läie 'üht] ‹-de, -d› > 9 ff., 31, 74
versäumen forsømme [fo'schömme] ‹-sømte, -sømt›
verschieden forskjellig [fo'schelli]
verschreiben skrive ut [skrihwe 'üht] ‹skrev ut, skrevet ut›, forordne [for'orrdne] ‹-et, -et/-a, -a› > 94
Versehen, aus ~ av vanvare [ahw 'wannwahre]
Versicherung forsikring [fo'schickring] ‹-en/-a, -er›
verspäten, s. ~ komme for seint [komme fo 'schäint] ‹kom, kommet›
Versprechen løfte ['löffte] ‹-et, -er›
verständigen, jdn ~ informere en [innfor'mehre] ‹-te, -t›
verstehen forstå [fo'schtoh] ‹-sto, -stått›
versuchen forsøke [fo'schöhke] ‹-te, -t›; (Speisen) smake ['smahke] ‹-te, -t›
Vertrag kontrakt [kun'trackt] ‹-en, -er›
verunglücken komme til skade [komme till 'skahde] ‹kom, kommet›
verwandt i slekt [i 'schleckt]
verwechseln forveksle [for'wekschle] ‹-et, -et/-a, -a›
Verzeichnis fortegnelse [for'täinelse] ‹-en, -er›
verzeihen tilgi ['tilljih] ‹-ga, -gitt›
verzollen fortolle [for'tollke] ‹-et, -et/-a, -a›
viel mye ['müe]
vielleicht kanskje ['kannsche]
Visum visum ['wihssüm] ‹-et, visa›
voll full [füll]; (besetzt) opptatt ['opptatt]
Vollpension helpensjon ['hehlpangschuhn] ‹-en, -er› > 70, 72
von prp fra [frah]; (Passiv) av [ahw]
vor prp (räumlich) foran ['forrann]; (zeitlich) før [föhr]; **~ allem** framfor alt [frammfor'alt]
Voranmeldung bestilling [be'sstilling] ‹-en, -er›
voraus, im ~ på forhånd [po 'forrhonn]
vorher tidligere ['tihdliere], før [föhr]
vormittags om formiddagen [omm 'forrmiddagen]
Vorname fornavn ['fornawwn] ‹-et, -› > 24
Vorort forstad ['foschtahd] ‹-en, -steder›
Vorsaison forsesong ['foschessong] ‹-en, -er›, lavsesong ['lahwssessong] ‹-en, -er›
Vorschrift forskrift ['foschkrifft] ‹-en/-a, -er›
Vorsicht forsiktighet [fo'schicktiheht] ‹-en›; **~!** se opp ['seh 'opp] !, Forsikti [fo'schickti]!
Vorstellung presentasjon [pressangta'schuhn] ‹-en, -er›; (Begriff, Theater) forestilling ['fohresstilling] ‹-en/-a, -er› > 83 f.
Vorverkauf forsalg ['foschallg] ‹-et, -› > 84
Vorwahlnummer retningsnummer ['rettningsnummer] ‹-et, -› > 105 f.

W

wach våken ['wohken]
wählen velge ['wellge] ‹valgte, valgt›; (pol) stemme ['sstemme] ‹stemte, stemt›; (tele) slå [schloh] ‹slo, slått›
wahr sann [sann]
während prp under, i løpet av ['ünn(d)er]; konj mens [menns]
Währung valuta [wa'lühta] ‹-en, -er›
Wald skog [skuhg] ‹-en, -er› > 82

Wanderkarte turkart ['tührkarrt] ‹-et, -› >67, 89
wandern vandre ['wanndre] ‹-et, -et/-a, -a› >89
warm varm [warrm]
warnen (vor) advare (mot) ['ahdwahre] ‹-te, -t›
warten vente ['wennte] ‹-et, -et/-a, -a›
Wartesaal venterom ['wennterumm] ‹-met, -›
Wartezimmer venterom ['wennterumm] ‹-met, -›
was hva [wah]; **~ für ein/eine** hva for en/ei? ['wah for ehn/äi]
waschen vaske ['wasske] ‹-et, -et/-a, -a›
Wasser vann [wann] ‹-et›
wechseln (Geld) veksle ['weckschle] ‹-et, -et/-a, -a›; bytte ['bütte] ‹-et, -et/-a, -a›
wecken vekke ['wecke] ‹-et, -et/-a, -a›
Weg vei/veg [wäi] ‹-en, -er›
wegen på grunn av [po 'grünn ahw]
weggehen gå vekk [goh 'weck] ‹gikk, gått›
Wegweiser veiviser ['wäiwihsser] ‹-en, -e›
wehtun gjøre vondt [jöhre 'wunnt] ‹gjorde, gjort›
weiblich kvinnelig ['kwinnelig]
weich myk/mjuk [mühk]/ [mjühk]; **(Ton, Farbe)** dempet ['dempet]
weigern, s. ~ nekte ['neckte] ‹-et, -et/-a, -a›
weil fordi [for'dih]
weinen gråte ['grohte] ‹gråt, grått›
weiß hvit [wiht]
Welt verden ['wärrden] ‹-en, -er›
wenig lite ['lihte]; **ein ~ (von)** litt (av) [litt]
weniger (messbar) mindre ['minndre], **(zählbar)** færre ['färre]
wenn (Bedingung) hvis [wiss]; **(zeitlich)** når [norr]
werden bli [blih] ‹ble/blei, blitt›
Werkstatt verksted ['wärrkssteh] ‹-et, -er› >26, 31
werktags til hverdags [till 'wärdags]
Wert verdi [wär'di] ‹-en, -er›
Westen vesten ['westen]
Wetter vær [währ] ‹-et› >21
wichtig viktig ['wickti]
wie (Frage) hvordan ['wurrdan]; **~ viele?** hvor mange? [wurr 'mange]
wieder igjen [i'jenn]; **(noch einmal)** en gang til [en 'gang till]
wiederholen gjenta ['jenntah] ‹-tok, -tatt›
wiederkommen komme igjen [komme i'jenn] ‹kom, kommet›
wieder sehen se igjen [se i'jenn] ‹så, sett›; **auf ~** adjö [ad'jöh], morn'a ['morna]
wiegen veie ['wäie] ‹-de, -d›
willkommen velkommen ['wellkommen]
wir vi [wih]
Wirt/in vert [werrt] ‹-en, -er›/vertinne [werrt'inne] ‹-a/-en, -er›
Woche uke ['ühke] ‹-a/-en, -er›
wohnen bo/bu [buh/büh] ‹-dde, -dd›
Wohnort, Wohnsitz hjemsted ['jemmssteh(d)] ‹-et, -er› >24
Wohnung leilighet ['läiliheht] ‹-en, -er›; **(möblierte Wohnung)** møblert leilighet [mö'blehrt 'läiliheht] ‹-en, -er›
wollen ville ['wille] ‹ville, villet›; **(wünschen)** ønske ['önnske] ‹-et, -et/-a, -a›
Wort ord [uhr] ‹-et, -›
wünschen ønske ['önnske] ‹-et, -et/-a, -a›
Wurst pølse ['pöllse]
wütend rasende ['rahssende]; **(~ werden)** bli rasende ‹ble, blitt›

Z

Zahl tall [tall] ‹-et, -›
zahlen betale [be'tahle] ‹-te, -t›
Zahlung betaling [be'tahling] ‹-en/-a›
Zahnarzt tannlege ['tannlehge] ‹-en, -er› >95ff.
zeigen vise ['wihsse] ‹-te, -t›; **(hinweisen)** peke ['pehke] ‹-te, -t›
Zeit tid [tihd] ‹-en/-a, -er› >18 ff.
Zeitangaben tidsangivelser [tiddsannjihwelser] >18 ff.
Zeitschrift tidsskrift ['tittskrifft] ‹-et, -er› >67
Zeitung avis [a'wihs] ‹-a/-en, -er› >67
zerstören ødelegge ['öhdelegge] ‹-la, -lagt›
Zeuge vitne ['wittne] ‹-et, -er›
ziehen trekke ['trecke] ‹trakk, trukket›
Ziel mål [mohl] ‹-et, -›
Zigarette sigarett [siga'rett] ‹-en, -er›
Zimmer rom [rumm] ‹-met, -›, værelse ['währelse] ‹-et, -er› >8 ff., 68 ff.
Zoll toll [toll] ‹-en› >24
zornig sint [sinnt], sinna ['sinna]
zu (Richtung) til [till]; **(geschlossen)** stengt [sstengt]; **(mit adj.)** for [for]
zufrieden tilfreds [till'fredds]
Zug tog [tohg] ‹-et, -› >33 ff.
zumachen stenge ['sstenge] ‹-te, -t›
zurück tilbake [till'bahke]
zusammen sammen ['sammen]
zusätzlich ekstra ['ecksstra], i tillegg [i 'tillegg]
Zuschlag tillegg ['tillegg] ‹-et, -› >35
zuschließen stenge ['sstenge] ‹-te, -t›
zuständig ansvarlig [ann'swahrli]
zu viel for mye [for 'müe]
zweifeln, an etw ~ tvile på noe ['twihle po nue] ‹-te, -åt›
zwischen mellom ['mellom]

> BLOSS NICHT!

So vermeiden Sie Fettnäpfe

Insider Tipps

Aber bitte mit Sahne!

Gut, Abba kommen aus Schweden. Aber wer vermutet schon bei den Norwegern so viel Musikalität, dass man im Café gefragt wird, ob man zum Kuchen eine *fløte* haben möchte. Keine Angst, es handelt sich nicht um eine Einladung zur Hausmusik, sondern um die Frage, ob Sahne gewünscht wird.

Verkehrte Tierwelt

Wenn Ihnen ein Norweger eine *Sau* zeigt, bekommen Sie ein Schaf zu Gesicht, und davon gibt es bekanntlich viele. Führt er Ihnen eine *stut* vor, steht kein weibliches Pferd, sondern ein Stier vor Ihnen. Das liegt nicht daran, dass die zoologischen Kenntnisse der Norweger zu wünschen übrig lassen. Aber *sau* bedeutet nun mal „Schaf" und *stut* „Stier".

Sex-Knüller

Es gibt viele Möglichkeiten, seine Begeisterung zum Ausdruck zu bringen. Auf „Das ist ein Knüller!" sollten Sie jedoch besser verzichten, sonst haben Sie ein Fettnäpfchen erwischt. Denn damit haben Sie auf ziemlich vulgäre Weise den Geschlechtsverkehr gepriesen.

Kurze Stunden

Sie verabreden sich am Telefon und fragen, wie lange Ihr Gesprächspartner noch braucht. Redet er von *en stund*, lassen Sie keine Stunde verstreichen, sondern machen sich am besten gleich auf den Weg. Er benötigt nur noch „eine kurze Weile". Auf eine Stunde Wartezeit müssen Sie sich erst einstellen, wenn er *en time* sagt.

(K)ein Bier

Wenn Sie beim Wirt ein *bier* bestellen, wird er grinsen oder Ihnen vielleicht ein Glas Honig anbieten. Denn *bier* bedeutet nun mal „Biene". Ihr Bier erhalten Sie kurz und knapp mit *øl*.

Frührentner

Erzählt Ihnen ein norwegischer Jugendlicher von seiner Rente, dann singt er kein Loblied auf das norwegische Sozialsystem, das einen direkt von der Schule in die Rente entlässt. Vielmehr berichtet er Ihnen von seinen Geldanlagen und den Zinsen *(rente)*, die sie abwerfen.

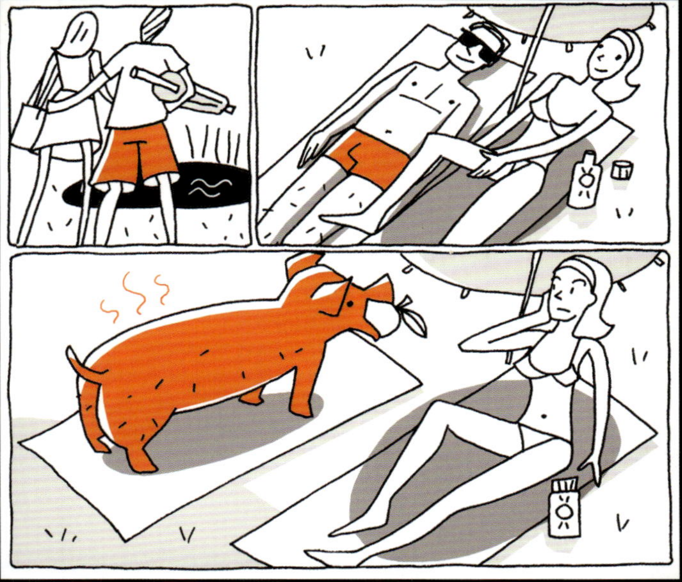

> S. 136

ACHTUNG: SLANG!

Insider Tipps

MEHR ALS NUR SPRACHE

Wenn das Wörterbuch schlapp macht und Sie nur noch Bahnhof verstehen, dann handelt es sich um einen klaren Fall von: Achtung Slang! Aber keine Panik, auf den nächsten Seiten sind Sie mittendrin in der Sprache der Insider, die auf den Straßen, in den Clubs und Bars, Shops und Lounges gesprochen wird. Wir haben sie für Sie aufgespürt: die authentischen, die wichtigsten und witzigsten Slangausdrücke. Dabei gibt es jedoch auch Formulierungen, die Sie besser meiden sollten, denn manchmal ist Schweigen wirklich Gold. Ansonsten viel Spaß beim Erweitern Ihres Wortschatzes!

ALLTAG

BEGRÜSSEN UND CO

Morn, morn! [morrn-morrn]	Guten Morgen/Morgen!
Hallo der! [hallo dähr]/**Hei på deg!** [häj poh däj]	Hallo!
Hei! [häj]	Hi!
Hei karer! [häj kahrer]	Hi Leute! (wörtl. Kerle)
Takk for nå. [tack för noh]	wörtl. Danke für jetzt. (man bedankt sich für die gemeinsam verbrachte Zeit)
Hyggelig å se deg! [hüggelih oh seh däj]	War schön, dich zu sehen!
Morn'a! [morrna]	Tschüß!
Ha det så bra! [ha deh so brah]	Mach's gut!

ANTWORTEN...

ja [ja]	ja
visst [wisst]	klar
jo [juh]	ja, doch/doch
Whatever [woteweh]	Wenn du meinst...
Sier du det! [sihr dü deh]	Na, so was!
Ikke vet jeg. [icke vet jäi]	Weiß ich nicht.
Ingen aning. [ingen ahning]	Keine Ahnung.
Hva så? [wa soh]	Na und?
Jeg bryr meg ikke. [jäi brühmäicke]	Das ist mir egal.
Det er meg ett fett. [de er mäi et fet]	Das ist mir schnuppe. (wörtl. Das ist mir ein Fett.)
Jeg har ikke lyst. [jäi haricke lüst]	Keine Lust.
nei/niks [näi/nix]	nein/nö
Ikke planer! [icke planeh]	Auf keinen Fall/Keine Chance!

ACHTUNG: SLANG!

En isbit i helvete har større sjanse [ehn isbijt i hellwete har större chanse]	Eher geht ein Kamel durch ein Nadelöhr... (wörtl. Ein Eiswürfel in der Hölle hat bessere Chancen.)

...UND AUFFORDERUNGEN

Gi plass! [jih plas]	Platz da!
Få ræva i gir! [foh räwa i gihr]	Setz deinen Hintern in Bewegung!
Få ut finger'n! [foh ut fingern]	Komm in die Gänge! (wörtl. Streck den Finger!)
Et øyeblikk! [ett öieblick]	Moment mal!
Slapp av! [schlapp af]	Reg dich ab!

UNTER FREUNDEN...

slå på tråden [sloh poh trohden]	jdn anrufen
sende sms [sende essemmess]	simsen
kikke innom [kjicke inom]	bei jdm vorbeischauen
være med noen [wäre meh nuhen]	mit jdm zusammen sein
prate [prahte]	plaudern
sladre [sladre]	quatschen
bestis [bestis]	beste Freundin
prate skitt [prahte shitt]	Mist reden
trampe i salaten [trampe i salahten]	ins Fettnäpfchen treten (wörtl. in den Salat trampeln)
bli uvenn med noen [bli üwenn med nuhen]	sich mit jdm in die Haare kriegen
en gledesdreper [en gledesdrähpeh]	Spielverderber/Spaßbremse

DAS GEFÄLLT...

Det rocker! [deh rockeh]	Das rockt!
dritkult! [drihtkühlt]	super/cool
dritbra! [drihtbrah]	toll/klasse
fett! [fett]	cool

...DAS LANGWEILT...

lamt [lammt]	langweilig
døll [döll]	blöd/langweilig
stinker [stinkeh]	anöden

...UND DAS NERVT

teit [täit]	dusselig
på trynet [poh trüneh]	dämlich
lø spa [löh spah]	blöd
søppel [söppel]	Mist
råttent [rottent]	grottig
suger [sügheh]	nerven
døvt [döwt]	total doof
Harry [harri]	beknackt
ræva [räwwah]	bescheuert

SCHLECHT DRAUF?

Jeg er slutt [jäj äh slütt]	Ich bin total fertig.
trøtt som ei strømpe [tröt som ei strömpe]	hundemüde sein (wörtl. müde wie ein Strumpf sein)
hoppe i loppekassen [hoppe i loppekassen]	ins Bett gehen/in die Koje kriechen
ta seg en blund [ta säj en blünd]	ein Nickerchen machen
være deppa [währe deppah]	deprimiert sein
Du gjør livet surt for meg [dü jör lihweh sürt forr mäj]	Du gehst mir auf die Nerven. (wörtl. Du machst mir das Leben sauer.)
være purken [währe pürken]	sauer sein
være olm [währe ulm]/ **være mannvond** [währe mannwunn]	wütend sein
være gal i hodet [währe gahl i hudeh]	rasend sein
gå fra konseptene [goh frah konseptene]	die Beherrschung verlieren
fly i flint [flüh i flint]	aus der Haut fahren
villsint [willsint]	agressiv/unberechenbar
gå fra vettet [goh frah sans oh samling]	von Sinnen sein
være fra sans og samling [goh frah sans oh samling]	von allen guten Geistern verlassen

ESSEN

sovl [sowel]/**sul** [suhl]	Essen
for [fohr]	Essen/Futter
matbit [mahtbiht]	ein Happen
kaffetår [kaffetor]	eine Tasse Kaffee
Det rumler i magen. [deh rummler i mahgen]	Der Magen grummelt.

ACHTUNG: SLANG!

kunne spise en hest [kunne spihse en häst]	einen Bärenhunger haben (wörtl. ein Pferd essen können)
skrubbsulten [skrubbsulten]	Kohldampf haben
Det smaker av fugl. [deh smahker aw fuhl]	Das schmeckt gut. (wörtl. Das schmeckt nach Vogel.)
Det gir mersmak. [deh jihr mehrsmahk]	Das schmeckt superlecker. (wörtl. Das schmeckt nach mehr.)
matkrok [mahtkruk]	Nimmersatt/Fresssack

AUSGEHEN

DRINKS

en murer [ehn mührer]	eine Maß
halvliter [halliter]	0,5 Liter Bier
brennevin [brännewihn]	Spirituosen
voksenbrus [wochsenbrüs]	Spirituose (wörtl. Erwachsenenbrause)
sup [süp]	ein Kurzer
jodlevann [jodlewann]	Schnaps (wörtl. Jodlerwasser)
HB [hohbeh]	selbstgebrannter Schnaps (von hembrennt wörtl. hausgebrannt)
Ishavsdrink [ijshavsdrink]	Mischung aus Schnaps und Tran (wörtl. Eismeerdrink)
Kaffedokter [kaffedockter]	Mischung aus Kaffee und Schnaps
børst [börst]	Brandtwein
skvip [skwijp]	schwacher Brandtwein
boblevin [bobblewijn]	Perlwein
fusel [füsel]	Fusel
ankerdram [anckerdramm]	Drink zum Abschluss einer Reise (wörtl. Ankertrunk)

IN DER BAR/KNEIPE

se ut som et pynta juletre [seh üt som et pünte jühletreh]	aufgebrezelt sein (wörtl. aussehen wie ein geschmückter Weihnachtsbaum)
innkaster [inkaster]	Türsteher
ta en svingom [tah ehn swingom]	tanzen
Horfor gå når man kan danse? [wurfohr goh nor mann kann danse]	Warum gehen, wenn man tanzen kann?
ha van Goghs øre for musikk [hah van goghs öhre for müsik]	kein Ohr für Musik haben (wörtl. Van Goghs Ohr für Musik haben)
vannpost [wannpost]	Kneipe/Schenke (wörtl. Trinkbrunnen)
en helaften [en hehlaften]	ein feuchtfröhlicher Abend
ta en støyt [ta en stöit]	einen heben
drikke ut [dricke ut]	das Glas leeren
drikke som en svamp [dricke som en swamp]	viel trinken (wörtl. trinken wie ein Schwamm)
en å gå på [ehnohgohpoh]	einen für den Weg (wörtl. einen um darauf zu gehen)
vannvogna [wannwongna]	abstinent

SPÄTER...

pussa [püssa]	beschwipst
påseilet [pohsäilet]	angetrunken
sørpe full [sörpe full]	sternhagelvoll
rotbløyte [rutblöite]	voll/betrunken
kanon [kanuhn]	hackedicht
kuppelhue [kuppelhüe]/ **tømmermenn** [tömmermänn]	Kater

> www.marcopolo.de/norwegisch

ACHTUNG: SLANG!

RAUCHEN

sigg [sigg]	Zigarette/Kippe/Fluppe
spiker til likkista [spiekeh til likkistah]	Sargnägel (Zigaretten)
rullings [rullings]	selbstgedrehte Zigarette
legge teppe [lägge teppe]	qualmen (wörtl. einen Teppich/einen Vorhang legen)
røyker som en skorstein [röikeh sommen skorstäin]	rauchen wie ein Schlot

MANN UND FRAU

LEUTE

dame [dame]	Frau
berte [berthe]	Mädchen
søtnos [söhtnuhs]	Süße (wörtl. Süßnase)
type [tüpe]	Typ
fyr [führ]	Kerl
dude [djüd]	Macker
kjekken [cheken]	Süßer/Hübscher

FLIRTEN UND MEHR

tenne på noen [tänne poh nuhen]	jemanden attraktiv finden (wörtl. für jemanden entflammen)
Hon er flott som faen. [Hun er flot som fän]	Sie sieht sehr gut aus. (wörtl. Sie ist schick wie der Teufel.)
legge an på noen [legge an poh nuhen]	jemanden anmachen (wörtl. auf jemanden anlegen)
ragge [oh ragge]	jemanden aufreißen
date noen [däjte nuhen]	mit jemandem zusammen sein/ mit jemandem gehen
tenke koffert [tenke kofert]	an etwas Unanständiges denken (wörtl. Koffer denken)
drikke seg til mot [dricke säj til mut]	sich Mut antrinken
kommandooppdrag [kumanduoppdragh]	keine Unterwäsche tragen
ståpikk [stohpick]	ein Steifer
gummi [gümmi]	Gummi/Präser
pøke/bange/knulle [pökhe/bange/knülle]	vögeln
slå opp/sette på porten [sloh opp/sette poh purten]	jdm den Laufpass geben

dumpe noen [dumpe nuhen] — jdn in die Wüste schicken
kysse og forsones [küsse oh forsuhnes] — sich küssen und wieder vertragen
Ute av syne ute av sinne. [üte aw süne üte aw sinne] — Aus den Augen, aus dem Sinn.
Finnes mer fisk i havet. [finnes mehr fisk i haweh] — Andere Mütter haben auch schöne Töchter/Söhne. (wörtl. Es gibt noch mehr Fische im Meer.)
De har hatt følge lenge. [dih har hatt fölleh lenge] — Sie sind schon länger zusammen.
utdrikkingslag [ütdrickingslagh] — Junggesellenabschied
smidd i hymens lenker [smidd i hümens lenkeh] — verheiratet
være under tøffelen [väre ündeh töffelen] — unter jds Pantoffel stehen

SCHIMPFEN, LÄSTERN, FLUCHEN

STANDARDS

Pokker! [pocker] — Mist!
Faen! [fa-en]/**Faen i helvete!** [fa-enihelwete] — Verdammt! (wörtl. Teufel!/Teufel in der Hölle!)
Helvete! [helwete] — Verflucht! (wörtl. Hölle!)
Hold kjeft! [holl kiäft] — Halt's Maul!
Hold smella! [holl smella] — Halt die Klappe!
Forsvinn! [forswinn] — Hau ab!
Forduft! [fordüft] — Verzieh dich!
Stikk av! [stickah] — Zieh Leine!
Pell deg vekk! [pelldäiweck] — Scher dich weg!
Dra dit pepper'n gror! [drah dit peppern gruhr] — Geh hin, wo der Pfeffer wächst.

SPINNER UND TROTTEL

skoleflink fagidiot [skuleflink faghidiut] — streberhafter Fachidiot
geek [dsjiik] — (Computer-)Freak
tullebukk [tüllebuck] — Einfaltspinsel
dumrian [dummrian] — Torfkopf
tosk [tosk] — Depp
fjols [fiols] — Trottel
litt treg i oppfattelsen [litträg ioppfattelsen] — schwer von Begriff
fåreskalle [fohreskalle] — Schafskopf
dumskalle [dummskalle] — Dummkopf

ACHTUNG: SLANG!

sprø som knekkebrød [sprö som knekebröd]	dumm wie Brot (wörtl. Knäckebrot)
Han er på jordet [hann eh poh iureh]	Der ist auf den Kopf gefallen. (wörtl. Er ist auf der Erde.)
Han er ikke ved sine fulle fem. [Han er igge ved sihne fule fem.]	Er ist nicht ganz bei Trost.
skakt [skackt]	verrückt
helskrudd [hehlskrüdd]	total verrückt
spika gæern [spijka gäern]	bekloppt
dust [dust]/**grauthue** [gräuthüe]/**gjøk** [iök]	Idiot (gjøk wörtl. Kukuck)
brødhue [bröhüe]	Vollidiot (wörtl. Brotkopf)

MEHR BELEIDIGUNGEN

polardegos [polahdegos]	Nordnorweger in Oslo
Turbo-Ali [turbo-ali]	jd, der zuviel Kaffee getrunken hat
dyneløfter [dünelöfteh]	jd, der seine Nase in Dinge steckt, die ihn nichts angehen (wörtl. Lakenheber)
latsabb [lahtsabb]	Faulpelz
dåsemikkel [dosemickel]	Blödmann
drittstøvel [drittstöwel]	Stinkstiefel
drittsekk [drittsäck]	Mistkerl
skreppe [skreppe]	die Alte/die Frau
dundre [döndre]	dicke Frau
merr [märr]	dumme Gans (wörtl. Stute)

UNAPPETITLICHES

do/dass [du/das]	Klo
tisse/pisse [tisse/pisse]	pinkeln

drite [drihte] — kacken
løpesyke [löpesüke] — Dünnpfiff (wörtl. Laufkrankheit)
fise/fjerte/pruppe/prompe [fise/fiärte/prüppe/prumpe] — einen fahren lassen
rape/gulpe/opp [rahpe/gülpe opp] — rülpsen
kaste opp/spy [kaste opp/spüh] — sich übergeben/kotzen

GELD

KOHLE

gryn/stål/moneter [grün/stohl/mohneter] — Kohle/Zaster
laken [lahken] — ein Riese/Tausendkronenschein
Camilla/Flagstad [kamilla/flaggstah] — Hundertkronenschein (auf den Scheinen sind die Schriftstellerin Camilla Collett, bzw. die Sopranistin Kirsten Flagstad abgebildet)
Asbjørnsen [ahsbjörnsen] — Fünfzigkronenschein (nach dem Märchenautor Peter Christen Asbjørnsen, dessen Konterfei den Schein ziert)
blanke [blancke] — Münzen
spenn [spenn] — eine Krone
lommerusk [lummerüsk] — Kleingeld
banksjefen [bankcheefen] — Bankautomat (wörtl. Bankchef)

HABEN ODER NICHT

velbeslått [wellbeslott] — reich (wörtl. gut versorgt)
søkkrik [söckrihk] — steinreich

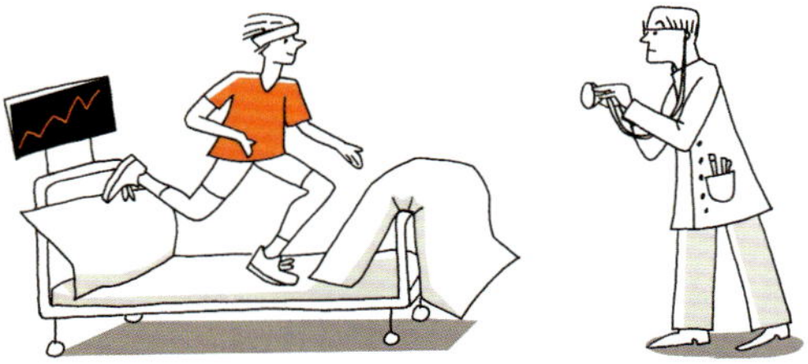

velte seg i gryn [wellte säi i grün]	im Geld schwimmen
styrtrik [stürtrihk]	stinkreich
ha det fett [ha deh fett]	viel Geld/fette Kohle haben
røkkete [röckete]	neureich
kjip [tjiip]	gierig
gjerrigknark [järriknarck]	Geizhalz
blakk/bunnskrapt [black, bünnskrahpt]	pleite

KOSTEN ODER NICHT

Hva koster moroa? [wah koster murua]	Was kostet der Spaß?
svindyrt [swihndührt]	sauteuer
Det er litt stivt. [deh ähr litt stihwt]	Das ist ganz schön teuer.
et kupp [ett küpp]	ein Schnäppchen
skittbillig [skittbillih]	sehr billig (wörtl. drecksbillig)
bare peanøtter [bahre pianötter]	fast umsonst (wörtl. reine Peanuts)

AUSGEBEN UND EINNEHMEN

ta høl på penger [tah hæhl poh penger]	Geld ausgeben
kaste gode penger etter dårlige [kaste guhe penghe etter dohlie]	eine schlechte Investition tätigen (wörtl. gutes Geld nach schlechtem werfen)
bli sjanghaiet [blij schanghaiet]	über den Tisch gezogen werden
bondefange [bundefange]	Bauernfang
kaste penger ut av vinduet [kaste penghe ütah windue]	Geld zum Fenster raus werfen
drikke seg fra gård og grunn [dricke säi fra gohrd oh grünn]	sein Geld versaufen (wörtl. sich um Hof und Grundstück trinken)

ARBEIT

blodslit [bludslijt]	Maloche
legge seg i selen [lege säj i sehlen]	sich ins Zeug legen
få dreisen på [foh dräysen poh]	den Dreh rauskriegen
Jeg har draget på. [jäi har draghe poh]	Ich hab das voll raus.
Det erbarnemat [det er bahrnemaht]	Das ist ein Kinderspiel. (wörtl. Das ist Kindernahrung.)
blindgate [blindgahte]	ein Job, der einen nicht weiter bringt
Det er ingen dans på roser. [det er ingen dans poh rohser]	Das ist kein Zuckerschlecken. (wörtl. Das ist kein Tanz auf Rosen.)

tredemølla [tredemöllah]	Tretmühle
kjede seg til døde [kiede säi til döhde]	sich zu Tode langweilen
loke [luke]	faulenzen
egenmelde seg [eghenmellesäj]	blau machen (wörtl. sich selbst krank melden)
rett ned i do [rett nediduh]	für die Katz
gå rett vest [goh rett west]	schiefgehen
Det dret seg. [dehdrehtsäj]	Das ist schief gegangen.
klikke [klicke]	danebengehen
gå i vasken [gohiwasken]	in die Hose gehen (wörtl. in den Abfluss gehen)
falle i fisk [falle i fisk]	den Bach runtergehen (wörtl. in den Fisch fallen)

WETTER

Det biter i kinnene. [deh bihter i kinnene]	Es ist kühl. (wörtl. Es beißt in die Wangen.)
Det øser ned. [deh öhser neh]	Es schüttet.
Englene pisser om kapp. [englene pisser ohm kapp]	Es pisst. (wörtl. Die Engel pissen um die Wette.)
Rene syndefloden. [rehne sündefluden]	Es gießt (wörtl. Es regnet wie die Sintflut).
Bergensvær [bärgenswähr]	Es regnet jeden Tag. (wörtl. Wetter wie in den Bergen)
se ut som en druknet katt [seh ut somm en drucknet katt]	pudelnass sein (wörtl. wie eine ertränkte Katze)
Det er varmt som i helvete. [deh ähr wahrmt som i helvete]	Es ist höllisch heiß.
slikke sol [slicke suhl]	sich sonnen (wörtl. Sonne lecken)
ser ut som en skåldet gris [sehr uht somm ehn skollet grihs]	einen Sonnenbrand haben (wörtl. wie ein Spanferkel aussehen)